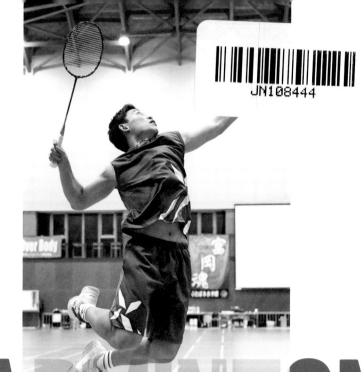

BADMINTON

バドミントン

ふたば未来学園高校式
プログラム

世界王者を輩出する最先端メニュー

— —

本多裕樹 著

ふたば未来学園高校バドミントン部監督
U-19ジュニアナショナルチームコーチ

ふたば未来学園高校
バドミントン部の歴史

　現在のふたば未来学園高校バドミントン部は、2006年4月に富岡高校の国際スポーツ学科として始動したのがはじまりです。

　当時の監督であった大堀均氏（現・トナミ運輸コーチ）のチーム構想のもと、バドミントン強豪国であるインドネシア人コーチを起用し、海外のスキルを取り入れながら指導していく体制が整えられました。

　その後、チームが軌道に乗ると桃田賢斗（NTT東日本）や保木卓朗、小林優吾、大堀彩（トナミ運輸）、渡辺勇大、東野有紗（日本ユニシス）といった現在のトップ選手たちが国内で活躍をはじめます。しかし、その選手らが世界に向けて準備を進めていた矢先、東日本大震災がチームを襲いました。一時はチームの存続も危ぶまれましたが、多くの方の努力によって活動は継続されました。

　富岡から猪苗代へと活動拠点を移したチームは、バドミントンが出来る喜びや仲間と打ち合える幸せ、なにより支えてくれる人がいてはじめて活動出来るのだということを実感し、全員が"感謝"を噛みしめながら前を向いて進んでいきました。

　そのような環境で学んだ選手たちは選手とし

てだけではなく、人としても大きくたくましく成長
し、団体や個人での全国優勝を次々と勝ち取って
いきます。そんな中、2017年3月に富岡高校の休
校が決まり、その歴史はふたば未来学園高校に引
き継がれることになりました。学校名が変わる
ことに伴い、卒業生やふたば未来生のバドミント
ン関係者すべてを"Team TOMIOKA"と呼ぶこと
を大堀氏が命名しました。

　現在は、福島県広野町にあるふたば未来学園高
校に拠点を移し、10面のバドミントン専用コートで
中学・高校生が活動しています。偉大な先輩たちの
ように新時代を切り開くことが出来る選手になれ
るよう、自分の未来を信じ、日々全力で練習に取り
組んでいます。

　本書で紹介している練習メニューは、現在のふ
たば未来学園でも重点的に取り組んでいる練習と、
私が練習テーマなどからパターンやバリエーシ
ョンを考えたものです。
本書を手に取って下さった方々の、日々の練習の
参考となれば幸いです。

本多裕樹

Contents

目次

Part.1
ふたば未来学園の指導方針

Part.2
基本ショットの打ち方

Part.5

ダブルス
練習メニュー

本書の使い方

本書では、写真のほかにもコート図やアイコンなどを用いて、一つひとつの練習メニューやショットの打ち方をよりわかりやすく説明しています。"やり方"だけを読んでも練習を始めることはできますが、ポイントなどを知ることによって理解度が深まり、より効果的な練習になるはずです。ぜひ、みなさんの練習にも取り入れてみてください。

強化項目が一目でわかる

練習の難易度やかかる時間だけではなく、練習によって強化できる項目が一目でわかります。それぞれが適したメニューに取り組んでみましょう。

ポイントを詳しく説明

練習をより効果的なものにするためのポイントを、写真つきで詳しく説明しています。練習への理解度を深めて、効果の高い練習にしましょう。

アイコンの見方

練習の流れや動きのなかで、注意するポイントを説明しています

著者である本多裕樹監督からメニューに取り組む人へのアドバイスです

Variation

最初に紹介したやり方とは違うパターンの練習方法です

Part.1

ふたば未来学園の指導方針

全国高校選抜やインターハイでの優勝
だけではなく、卒業後も
多くの選手が実業団や日本代表として
活躍しているふたば未来学園。
どのような取り組みが
成長や飛躍へとつながっているのか。
第1章では、ふたば未来学園の
指導方針を紹介します。

選手育成のテーマ

本気で遊びながら強くなる

中高6年間で
世界を見据えた選手へ

　チームとしての強みは、中学から高校まで、6年間を通して行なわれる一貫指導です。そのなかで、中学生は3年間で選手としての基礎・基本の精神などを学びます。私生活も含めて指導されながら人として成長することにより、本気でバドミントンに打ち込める選手へと成長していくのです。

　そして、高校では高い水準で羽根を打ち合うなど、世界を見据えた選手になれるような指導体勢が整っています。それらの土台となる技術や考え方を、指導するインドネシア人コーチに見てもらいながら、中高6年間を継続した形で指導していくのが、チームとしての基本的な強化方法になります。

選手を育てる
3つのキーワード

　ふたば未来学園バドミントン部は、チーム発足当初の富岡高校時代から、「ALL FOR BADMINTON（すべてはバドミントンのために）」と、「MIND OVER BODY（気力は体力を超える）」

体育館には代々受け継がれてきた部旗が常に掲げられ、その言葉を胸に刻みながら選手たちは練習に励んでいる

2021年の東京五輪には卒業生から3名の選手が出場。在学時から世界を身近に感じられる環境が整っている

という2つのモットーを、チームとして掲げてきました。

　また、「WORLD STANDARD（世界基準）」でバドミントンを考え、世界でやっている取り組みが通常であるということを認識しなければならない、という卒業生からの言葉も部旗に込められています。選手たちは先輩たちから送られたこれらの言葉を胸に刻みながら、日々の練習に取り組んでいるのです。

　指導方針としては、自由な発想や個性を最大限に伸ばしながら、チームとしての統率を図り、個として、またチームとして強化をしていくことが目的となります。

　一方で、バドミントンはもともと遊びから成り立ったスポーツであり、本気で遊びながら強くなることが大切だという考え方も合わせ持っています。これは、桃田賢斗（NTT東日本）などを育て、当時のチームを指導していたイマム・トハリ氏の考えですが、その考え方は現在のチームにも根付いています。そのため、ふたば未来学園バドミントン部は、楽しみながらも真剣にバドミントンに打ち込むことが特徴といえるでしょう。

　また、私個人としては、選手一人ひとりを尊重する心を常に持つように心がけています。選手のために何ができるのか、選手が強くなるためにはどうすれば良いのかなど、選手一人ひとりと向き合いながら、個々に練習メニューやトレーニングメニューの計画を考え、さらにはどう言えば伝わるのかなど、言葉にも考慮しながら伝えるようにしています。

勝つために必要な"心"

向上心を持ち続けて練習に

向かっていく気持ちの重要性

バドミントンはメンタルによって大きく左右されるスポーツです。そのため、心の部分では、いかに大会をイメージして普段の練習ができるかが大事になってきます。その上で、試合においてはやはり相手に対して向かっていく気持ちが重要です。これまでの経験からも、勝てたときというのは相手に向かっていけたときなのです。

例えば、2021年の全国選抜では、男女ともに団体戦準優勝という結果に終わりました。この世代は18年の全国中学で男女6冠を達成するなど、小さい頃から勝ってきた世代です。しかし、コロナ禍で久しぶりの全国大会であったことや、地元・福島で開催されたということもあり、その勝ってきた経験が裏目に出て、いつも以上にプレッシャーを感じてしまいました。

その結果、相手に押されてしまう試合が多く見られたのです。選手の

勝ちたいという気持ちも大事ですが、それ以上に相手に向かっていかなければ、勝つ事はできません。

心を育てるための方法としては、アファメーションを取り入れています。肯定的な言葉によって、自分を良い方向へと導くためのものですが、まず選手個々が目標を書き、その目標を達成するときに自分がどういう姿になっているのかを書き加えます。それを、寮や体育館など、常に見える場所に貼ることで、目標を意識しながら日々取り組んでいるのです。

選抜では悔し涙を飲んだふたば未来の選手たちだが、チャレンジャーの気持ちで挑んだインターハイでは、男子が団体優勝を果たした

取り組む

与えられたメニューをこなすだけではなく、向上心を持って取り組み続けることが必要だと本多監督はいう

自分で考え、行動する

卒業生の話をさせてもらうと、例えば桃田賢斗は、バドミントンに対してだけではなく、それ以外の事に対しても常に負けたくないという気持ちがあったように思います。また、渡辺勇大など現在、世界で勝ってい

る選手たちは共通して、弱音を吐きませんでした。もちろん、そうした選手たちも不安などは抱えていたと思いますが、決して自分の弱みを外に見せることはなかったと思います。

普段の練習にしても、全力で取り組み、全力で楽しむ。そうすることで、抱えていた不安などを乗り越えていました。日本のトップ選手となるような選手たちには、共通してそうした部分があったように思います。

また、強い選手に共通するのは、創造性です。私たち指導者が準備するものだけではなく、自分で考えてこういう風にやっていきたい、こうした取り組みが自分のためになるというのを、考えて取り組んでいました。勝つためには何が必要なのかを、自分自身で考えられていたわけです。

常に向上心を持ち続けて、勝つ為に練習に取り組む。そうした姿勢も、"心"の部分で大事なことなのだと思います。

世界を意識した"技"

インドネシア流の技術や感覚

柔軟なスキルや発想を身につける

ふたば未来学園では、前身である富岡高校時代から途切れることなくインドネシア人コーチを招聘して、選手たちを指導してもらっています。これは前任の監督である大堀均氏が、日本だけではなく世界へと視野を広げるために、という目的で取り入れたことが現在にも続いているのです。世界のバドミントンのプレーもさることながら、環境面でも世界にはどのようなものがあるのかということを、チームの選手たちには学んでもらいたいと思っています。

また、技術の面でもインドネシア人選手のスキルは、世界一といっても過言ではありません。日本人にはない柔らかいスキルであったり、感覚であったりを中学や高校のうちから身につけさせたいと思っています。チームの発足からコーチは数人替わっていますが、その度に新しいコーチが来てくれて、インドネシア流の指導が続けられています。

選手たちは中学生の頃から、インドネシア流の技術や考え方を学び、日々の練習のなかで身につけている

を学ぶ

本多裕樹監督以外にも、インドネシア人コーチのアンタル・クルニア氏(写真下・左端)や、星大智先生などがチームの指導に当たっている

　インドネシア人プレーヤーは、遊びから競技へと入っている部分もあります。チームの選手たちも、遊びのなかでのフェイントやショットというのを実際に見て、体感して、自分もやってみようと思ったり、こんなことも出来るんじゃないかと自分で考えたりしています。そういったことが中学生のうちから学べることもあり、スキルの部分では、いろんな発想を持って取り組める選手が育っているのではないでしょうか。

単複で
焦点を絞った指導も

　もちろん、悪い癖や短所などを修正していくのも大事なことです。グリップの持ち方や動き方などの基礎や基本という部分は、中学生を指導されている齋藤亘先生が中心となって修正し、長所を伸ばしていくための

土台をきっちりと固めてくださっています。

　そして、高校ではそれらのスキルをさらに磨きながら、身体面での強化も図っていきます。さらには、大学や実業団とのつながりを持ったなかで、より速い球、より速いスピードでのラリーを体感して技術を伸ばしていくことが目的です。

　また現在は、アンタル・クルニアコーチの元で、ある程度、シングルスの選手とダブルスの選手を分けた形での指導も行なっています。今までは選手が少なかったこともあり、全員が単複どちらもやってきていたという事情もあるのですが、選手が充実してきたことなどから、シングルスとダブルスそれぞれに特化した指導をしながらも、ある程度はどちらもできる選手を育成するという方針をとっています。

Importance of physical training

強くなるための土台となる"体"

競技力の向上＝体幹×スピード

強くなるためには
土台作りが必要

　高校生になれば、全国どこの選手もある程度は身体ができあがってきているため、スピードやパワーにはほとんど差がないような状況になってきます。そうしたなかで、ふたば未来学園高校の取り組みとしては、"より速く、より正確なショットを打つための土台作り"が重要であると考えています。

　土台作りの代表的なものが、体幹トレーニングです。基本的な体幹を身につけることで、身体のバランスを取り、動作時のブレを少なくするこ

とでショットの安定を図っていきます。また、体幹を鍛えることはケガの予防という面でも、効果があるでしょう。身体のブレが大きければ、その分だけ動いたときの反動も大きくなり、使用部位により大きな負担がかかって、ケガにつながりやすくなるからです。

　競技力の向上のためには、体幹×スピード×アタック力が必要です。体幹トレーニングで体幹を鍛えるのと平行して、インターバルトレーニングやフットワーク、ダッシュ、縄跳びといったメニューで、スピードとそれを持続させる力を強化していきます。また、アタック力については、練習メニューのなかのスマッシュの打ち込み

正確なショットを打つためには、しっかりとした土台が必要になる

×アタック力

や、ウエイトトレーニングによって強化します。

　そのため、ふたば未来学園では、週に2回程度はしっかり時間を取って、ウエイトトレーニングにも取り組んでいます。中学でもウエイトトレーニングを行なっていますが、それはあくまでも自重を使ったものに限ります。体力要素の発達速度から見ても、筋力が大きく向上していくのは高校生以降になるからです。

食事で身体を作っていく

　身体を作る上では食事も大切です。最近の子どもたちを見ていると、以前の選手と同等の負荷のトレーニングを行なったとしても、ケガをする割合が高まったように感じます。それは、好きなものしか食べなかったり、必要な量を食べられなかったりすることが多いからではないでしょうか。

　そのため、部では年に1度は食事に関する講習会も開いています。何のために食事を取る必要があるのかということを、選手に考えさせるためにも、そうした食事や栄養に関する知識は必要だと思います。食事で身体を作っていく、そして身体作りをしなければ強くなれない、勝てないという考え方を、選手に知って欲しいと思っています。

トレーニングの一環として行なわれているサバイバルジャンプ（P151参照）

身体作りに必要な体幹もトレーニングでしっかりと強化（P162参照）

卒業後も選手が活躍する背景

～日本A代表に7名の卒業生が在籍～

　2021年の日本A代表には、男女7名の卒業生が在籍しています。卒業後も活躍できる要因はいくつかあると思いますが、第一に、ふたば未来学園に入学する中学生の段階で、ほとんどの選手とその親御さんが"世界で勝つ"という熱量を持ってくれていることが大きいでしょう。

　それを前提として、入学後も世界で勝つという思いを持ちながら、選手たちは練習に取り組んでいます。また指導者側も、中学や高校で勝っても負けても、将来に世界で勝つためにはどうしたらいいのか、ということを選手に意識付けてきました。選手の卒業後を見据えながら、指導をできていたことが大きいのだと思います。

　また、近年はコロナ禍で行けていませんが、ふたば未来学園の選手たちは、中学生の頃から海外の試合に行く機会があることも大きいと思います。実際に世界に出て、そこで試合を経験することによって、世界にはいろんな選手がいることもわかりますし、その舞台で勝てることが分かってくれば、世界で活躍したいという思いも生まれてきます。そして、それが勝つためにはどうやっていく必要があるのかと、自分で考えることにもつながってくるのです。

　卒業生が日本代表に多く在籍していることで、ここで頑張れば、日本代表になれるかもしれないと実感できているのでしょう。在学中から自分たちが日本のバドミントン界を引っ張っていくんだという使命感を持っている選手もいます。私たち指導者としても、一人ひとりが日本代表になって、世界で勝つという意識付けをさせたいと思っています。

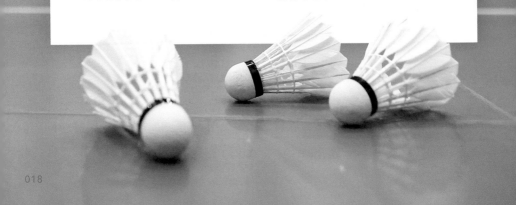

Part.2

基本
ショットの
打ち方

この章では、ロブやスマッシュなど
基本ショットの打ち方を紹介します。
ポイントを抑えて
しっかりと打てるようにしていきましょう。
また、実戦で役立つプラスαの
打ち方も解説していますので、
取り組んでみてください。

ロブ

ネット付近の球を下から捉え、コートの奥へと打つロブ。
コートの隅に打ち分けるコースだけではなく、
高さや距離などもしっかり打ち分けられるようにしよう。

身につくMenu

フォア

シャトルの落下地点に向けて
踏み込み始める

上半身が安定するように
下半身の入りを意識する

身体の軸を保ち、
狙ったコースにフォロースロー

土台になる下半身を固めて
上半身を安定させる

本多裕樹監督のアドバイス

打った後も身体の軸を残す

　ロブを打つ際に踏み出した足は、人に
よってそれぞれ打ちやすい角度があるの
で、これが正しいとは一概に言えません。
共通して言えるのは、上半身が安定する
ような下半身の入り方を意識すること。ま
た、ロブを打った後の戻りを早くしようと
意識しすぎないようにしましょう。打った
後もしっかり身体の軸を残すイメージを
持つことが大切になります。スイングは打
ちたいコースにフォロースルーでラケッ
トを運んであげると、より正確に狙ったコ
ースに打球が飛びやすくなるでしょう。

上半身を突っ込ませず、
身体の軸をしっかりさせてヒット

狙ったコースに向けてフォロースルー。
打った後も身体の軸を残す

`バック`

ヘアピン

ネット前の球を柔らかいタッチで捉え、ふわりと相手コートに
返すヘアピン。しっかりと打ち分けることができれば、
自分の攻撃につなげることもできる大事なショットになる。

フォア

シャトルの落下地点に向けて
足を踏み出していく

高い位置でヒットを基本にすると、
コースの選択肢が広がる

土台になる下半身をしっかりして
上半身を安定させる

着地と同時に
高い位置でのヒットが基本

本多裕樹監督のアドバイス

相手コートのどこに落とすかを意識

ヘアピンは踏み込んだ足の着地と同時かつ、ネット前の高い位置でヒットすることが基本になります。ただし、実際には理想のタイミングでばかり打てるわけではありません。ですから、低い位置で打ってもネットギリギリに飛んで相手コートへと落ちていくようなスキルも必要になります。また、ヘアピンを打つときは、相手コートのどこに落ちるかも意識しましょう。そこをある程度コントロールできるようになると、状況によってコースや長短を打ち分けることも可能になってきます。

小手先だけで打とうとせず、
上体を安定させてラケットを出す

基本は踏み出した足の着地と同時にヒット。
打球を安定させる

バック

小手先だけで打たず、
足を踏み込んで土台をつくる

ヘアピン+α

スピンネット

ヘアピンを打つときに、ラケットでシャトルを切るようにして打つことで、
シャトルにスピンをかけて相手が打ちづらい返球をするスピンネット。
まずは基本的なスピンのかけ方を身につけよう。
実戦でも使えれば有効なショットになる。

フォア

スピンをかけることに意識をとられ、
大振りしないように注意

バック

フォアと同様に、大きく
振り過ぎないように注意する

本多裕樹監督のアドバイス

コンパクトなスイングでこする

通常のヘアピンはネット際ギリギリに落ちる球と、長めに打つ球を使い分けますが、スピンネットの場合は、ネットから離れた位置ではスピンがかけづらいため、ネットギリギリに落ちて来た球に対して短く返すことが多くなります。スピンをかける

際は、大きく振って素早くシャトルを切ろうとするのではなく、シャトルにインパクトする瞬間にスッとこするようにしてあげるイメージです。大きくスイングしすぎずにスピンをかけられればショットが安定し、より正確にスピンがかかると思います。

インパクトに向けて外側から内側へとラケットを振っていく

インパクトの瞬間にシャトルをこすってスピンをかける

相手コートのネットギリギリに落ちるようにコントロールする

基本は外側からスタートさせて、ラケットを内側に向けて振っていく

インパクトの瞬間にシャトルをこするようにスピンをかける

ネット際ギリギリに落とすことで、より有利な状況を作り出す

プッシュ

ネット付近でシャトルを上から捉え、コンパクトなスイングから
打球に角度をつけて相手コートに鋭い球を打つプッシュ。
決め球になることも多い攻撃的なショット。

身につくMenu

| Menu 06 | プッシュ練習 | Menu 16 | 1対1全面対反面 |
| Menu 11 | ハーフから前の手投げノック | Menu 22 | スマッシュ＆ネット |

フォア

打球のスピードに合わせて
テイクバックを開始

力まないように、インパクトの
前はあまり力を入れない

コンパクトなスイングを
常に意識しておく

ネットに近いほど
角度がつけやすい

力を入れて
頭の前でヒット

小さいテイクバックからコンパクトに振る

高校生の段階でプッシュを打つときに大事になるのは、大振りしないことです。テイクバックは出来るだけ小さくして、コンパクトなスイングから頭の前でインパクトしていきましょう。そうすることで、より確実に沈める球が打てると思います。

ただし、ネット前に上がった緩い球などに対しては、大きなスイングから打っても構いません。テイクバックを大きく取る事によって力が入り過ぎてしまい、ミスの原因となることも多いので、大きなスイングで打つときは注意しましょう。

インパクトに合わせて力を入れ、頭の前でシャトルをヒット

レシーブされた場合に備え、次の球への準備も素早くする

バック

小さなテイクバックからコンパクトにスイング

ドライブ

身体の前からコンパクトなスイングで振り抜き、床と平行に
鋭い打球を飛ばすドライブ。つなぎ球や攻撃の仕掛けなど
用途が広く、特にダブルスでは重要な位置づけになるショット。

身につくMenu

| Menu 01 | チャリチャリ | Menu 12 | ハーフから後ろの手投げノック |
| Menu 08 | ドライブ1球交替 | Menu 15 | 素振りからドライブ |

フォロースルーは手首のスナップで止めて、次の球の準備をする

面がフラットな状態でヒットして、打球を水平に飛ばす

ドライブ+α スライスショット

フォア

通常のドライブと同じように面をフラットにしてヒット

フォロースルーはシャトルを縦に切るようにとる

本多裕樹監督のアドバイス

コンパクトなスイングを心がけ身体の前でヒット

ドライブで求められるのは、球を浮かせないこと、ミスをしないこと、強い球を打てることです。そのためにも、まずはテイクバックを小さくして身体の前で打っていきましょう。ただし緩く浮いて来た球に対しては、テイクバックを大きくして強打

につなげてもOKです。そして、フォロースルーも小さくすることによって、打った後はすぐに次のショットの準備ができるように心がけてください。上級者向けの技術としては、ヒット時にシャトルを切るようにスライスする打ち方もあります。

テイクバックを小さくしてコンパクトなスイングを心がける

ラケットヘッドを上げて打つと球を沈めやすくなる

つなぎ球として使われることの多いショットで、ネットギリギリに
来た球に対して、ハーフに流すようなイメージの打球。ドライブの
モーションから強い球を打つと見せかけて相手の不意を突くこともできる。

インパクト後に縦に切るようにフォロースルーをとる

フォアと同様に面はフラットにしてシャトルにヒット

クリアー&ハイバック

どちらもコートの奥から、弧を描いて相手コートの深くに打ち返すショット。
バックバウンダリーラインまできっちり返すことで、
体勢を立て直す時間を稼ぐなど守備面で重要。

身につくMenu

クリアー

個人差はあるが、基本は
半身の状態でシャトルの下に入る

テイクバックの段階でしっかりと
シャトルを引きつける

地面を蹴る反動を上半身に伝えて
力強い球を打つ

ハイバック

バック奥の球に対して打球を追い始める

身体の前でラケットのテイクバックを取る

コートの奥までしっかりと飛ばす

どちらのショットも、しっかりとシャトルの下に入り、相手コートのバックバウンダリーラインまで打つことが基本になります。同じショットでもクリアーの場合は低い軌道で相手を追い込むリブンクリアーなどもあるので、段階を踏んで覚えていくと良いでしょう。一方でハイバックは最初、なかなか飛距離を出すのが難しいかもしれません。まずはシャトルに対して面をフラットに当てる、ラケット面の真ん中に当てることを心がけて、シャトルが飛ぶポイントを掴んでください。

腰から肩→肘→手首と身体や腕のしならせるようにスイング

頭よりもやや斜め前くらいの位置でインパクト

身体を正面に向けて、次の動作へ移りやすくする

肘を肩の高さ以上に上げてスイングを開始

腕を外側に回旋させ、肩からラケットまで連動させてヒット。飛ばそうとして強く振り過ぎず、まずは面を作ることを意識する

ふたば未来学園の指導方針

基本ショットの打ち方

基礎練習メニュー

シングルス練習メニュー

ダブルス練習メニュー

トレーニングメニュー

練習の組み方と強化方針

カット＆ドロップ

ともにオーバーヘッドストロークのショットで、
カットはシャトルを切るように打って相手コートに鋭く落とす。
ドロップはインパクト時に力を弱め、緩い球を打つショット。

身につくMenu

カット（ストレート）

シャトルの下に入り
タメを作る

下半身の力を上半身へと
伝えながらスイング開始

打つまでのフォームはスマッシュと
同じになるのが理想

ドロップ

シャトルの下に入って、しっかりタメを作る　　　スイング開始。スマッシュやカットと同じフォームで打てるように

本多裕樹監督のアドバイス

初心者は球足の長いカットから

シャトルを切るように打って回転をかけるカットは、インパクトの長さで球足の長さの打ち分けが可能で、速いスピードを保ったまま打点から落ちてくるイメージです。一方で、ドロップはラケットをシャトルに対してフラットに当てて落とすため、カットに比べるとスピードは遅くなります。ただし、ネットギリギリに落ちるため、相手の足を止めるなどの使い方が可能です。このなかでは面とシャトルの当たっている時間が長い球足の長いカットが修得しやすいでしょう。

インパクト後に面を返してシャトルの側面を切るイメージ。
（面とシャトルの当たっている時間が長いほど、球足の長い打球に）

シャトルに対してラケットの面をフラットに当ててヒット　　インパクト後に力を抜くイメージでスイングを緩める

033

カット+α

リバースカット

通常のカットよりも、リバースカットは技術的には難しいものの、打てるようになれば実戦でプレーの幅を広げてくれるショット。カットが修得できていれば、難易度の高いショットもポイントを抑えて練習してみよう。

前から

他のオーバーヘッドストロークと同様に、打つ前はしっかりタメを作る

下半身のタメを上半身へと伝えながらスイング開始

横から

打つ際は面の使い方に注意!

リバースカットは通常のカットとは逆方向に切れるため、相手の逆をついて足を止めるなどの効果があります。打ち方のポイントは面の使い方で、インパクトの瞬間にラケット面をスライスさせるようにして、シャトルを切ることで強い回転をかけていってください。またカットには他にも、スイングスピードが速く、ネットを越えてから打球が伸びずに落ちるような軌道を取る巻き込みカットなどもあります。

インパクトからフォロースルーにかけて、ラケットの面をスライスするようにして、内側に向けてより多くの回転をかけてシャトルを切る

スマッシュ

コートの奥から角度をつけて放たれる強打であるスマッシュは、
それ自体が決め球になるほか、攻撃のしかけにも使われるなど
攻撃面において特に大事になる。

身につくMenu

横から

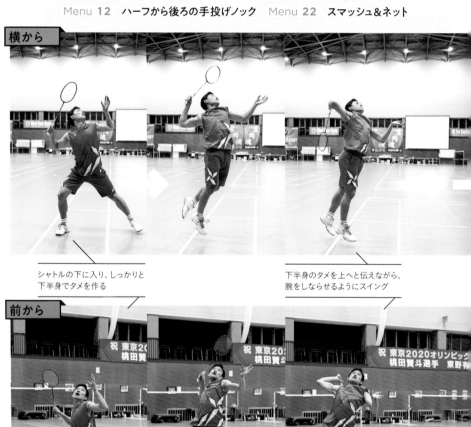

シャトルの下に入り、しっかりと
下半身でタメを作る

下半身のタメを上へと伝えながら、
腕をしならせるようにスイング

前から

⟳

本多裕樹監督 のアドバイス

下半身の力をしっかりと伝える

　スマッシュはボールを投げるときと同じように、下半身の力をしっかりと伝えることが大事になります。土台がしっかりしていないと、そもそも強い力を生むことが出来ず、力強いスマッシュも打つことはできません。また、頭の上付近でインパクトしていたクリアーに対して、スマッシュの打点はそれよりも前になります。スイングの仕方や腕と手首の使い方によって、球足の長さや角度などを変えることもできますが、まずは強いスマッシュが打てるように練習しましょう。

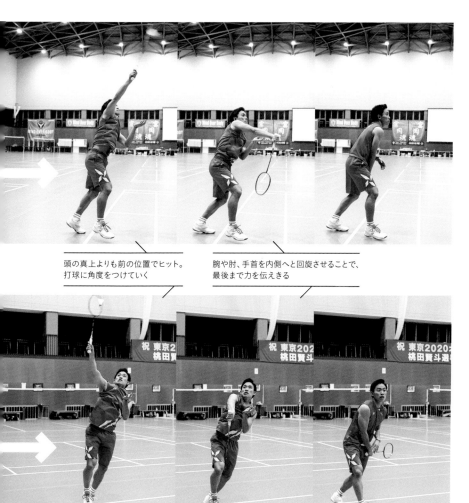

頭の真上よりも前の位置でヒット。打球に角度をつけていく

腕や肘、手首を内側へと回旋させることで、最後まで力を伝えきる

スマッシュ

(Point) スマッシュの角度を変える

　通常のスマッシュのように、大きな弧を描きながら全力でスイングしたスマッシュは、打球のスピードこそ速いものの、距離も長く飛んでいくため角度がつきにくい。角度をつけたい場合は、ラケットが描く弧を小さくしよう。角度のついたスマッシュを打つためには、まず、通常のスマッシュよりも打点を上にすること。そして、肘から手首を早めに返していくことで、スイングの弧を小さくしていこう。そうすると高い位置で打ち終わることができ、打球に角度をつけることができる。

通常のスマッシュ（角度がつきにくい）

大きな弧を描きながら全力でスイングしたスマッシュは、スピードこそ速いものの打球に角度がつきにくい

角度をつけるスマッシュ

打点を高くして、肘から手首を早いタイミングで返すことで、より角度のついたスマッシュが打てる

スマッシュ+α

リバーススマッシュ

リバースカットのようにシャトルの面を切りながらも、
最後まで振り抜いて強打を打つリバーススマッシュ。
試合中にスマッシュを打つなかで、こうしたショットを
織り交ぜることによって、相手を崩しやすくなる。

本多裕樹監督のアドバイス

相手を崩しやすくするスマッシュ

スマッシュを同じモーションから打っていると、相手に返されることも多くなってしまいます。そのなかで、少しでも相手のリズムを崩すためのスマッシュがリバーススマッシュです。試合のなかで多用するようなショットではありませんが、1本でもそういうショットがあれば、相手を崩しやすくなります。打ち方としては、リバースカットの打ち方でそのまま振り抜いていくイメージです。シャトルを切っている分、打球が失速するのは速いですが、相手の逆をつける可能性があります。

フォア

インパクトからフォロースルーにかけてラケット面を内側に切るようにしてシャトルを切る。最後まで振り抜くことで、カットよりもスピードが出る。

レシーブ

守備の基本となるショットであるレシーブ。
基本的にはバックハンドで打つが、コースによっては打ちにくいので
ポイントを抑えてコースを打ち分け、しっかりと飛ばせるようにする。

身につくMenu

バック側から正面の球

腰を少し落として、スタンスを
広めに取って構える

フォア側の球

腰を落としながら、右足を軽く引く　　　足を引くことでラケットを扱う空間を作る

本多裕樹監督のアドバイス

フォア側の球は空間作りが大事

　レシーブはバック側や正面に来た球であれば、前で球を捌きやすいので、それほど難しくはないでしょう。しかし、フォア側など差し込まれてしまった球に対しては、正面の球と同じように打つと詰まってしまいがちです。そこで、右足を少し引いて空間を作りましょう。ラケットが操作しやすくなり、ミスも減ると思います。また、スマッシュに対してドライブリターンをする場合はグリップを短めに、ロングリターンの場合は長めに持つなど、グリップの工夫も大事なポイントです。

打球に合わせて小さくテイクバックを取る

身体の前でインパクト。コンパクトなスイングからしっかり飛ばす

ロングリターンの場合はグリップを長めに持ってしなりを使う

空間を使い、コンパクトなスイングから身体の前でインパクト

Point

写真はフォア側に来た球に対するレシーブのインパクト前。右足を1歩分程度引くことで、ラケットを操作する空間を作る

長所の伸ばし方と短所への対応

~高校では長所を最大限に伸ばしていく~

　ふたば未来学園のバドミントン部は、中高一貫の指導をしていますので、土日や長期休みの期間中には一緒に練習する機会もあります。しかし、基本的には中学と高校では別々に活動しているのです。

　そのなかで、選手個々の短所などを修正していくのは、中学時代の方が割合は大きいと言えるでしょう。中学の選手たちを指導されている齋藤亘先生を中心に、グリップの持ち方や基本的な動きなど、基礎の部分は中学時代にしっかりと修正して、長所を伸ばしていくための土台を固める。

　そして、高校に入ったらスキルを身につけつつ、身体面の強化を図っていきます。さらには、実業団や大学とのつながりのなかで、より速い球や、より速い展開のなかで

ラリーすることを体感し、技術を伸ばしていく。それが高校の役割になると思います。

　トップ選手に見られる特徴としては、特化した長所を持っていることが挙げられるでしょう。ですから、ふたば未来学園高校でも、その選手が伸びていく方向に最大限伸ばしていくことが第一です。

　短所に関しては、マイナスにならないように練習をします。短所は、完璧に克服することを目指すのではなく、自分にとって弱点や欠点とならない程度に補うくらいの考えで良いかと思っています。

　長所とは、その選手が秀でている能力になるので、長所をさらに伸ばしてあげることで点数を取り、試合で勝ちにいくことが大事なのではないでしょうか。

Part.3

基礎練習
メニュー

この章では、シングルスとダブルスを分けず、
バドミントンの基礎部分を強化するための
練習メニューを紹介していきます。
やり方次第では、中・上級者向けの
内容に変えることもできます。
基礎力をしっかりと
強化していきましょう。

Menu **01** ふたば未来式

チャリチャリ

ねらい	ラケットワークや コントロール力を養う	強化 項目	・**守備力** ・**攻撃力**
時間・回数	10〜15分		・**ストローク力** ・戦術
難易度	☆☆☆☆☆		・ローテーション（ダブルス）

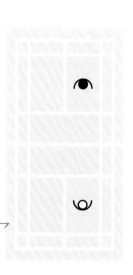

████部のみを使用して行なう1対1。ウォーミングアップの一環としてやるなど、遊びの感覚を持ちながら、フェイントや細かいスキル、駆け引きなどの感覚を養う

やり方

ショートサービスラインとダブルスのロングサービスライン間の半面を使って行なう1対1。上写真のように同じサイドの半面を使うストレートの他に、片側が反対サイドの半面を使うクロスのパターンもある。ショットに制限はないが、使用コートが狭い分だけ細かなスキルやコントロール力が要求される。

 Point 攻守の切り替えを早くする

半面対半面のストレートでは、距離感が近く必然とタッチのスピードが速くなる。そこで、攻守ともに次の準備を速くする意識を持とう。また、ネット前からは下で取ると守勢に回りがちなため、より高い位置でさわるなど、相手との駆け引き面でも工夫すること。遊び感覚でフェイントを多用してもOK。スキル面や駆け引きの向上が見込める。

Variation 1

2対2 四角

やり方

ショートサービスラインとダブルスの
ロングサービスライン間の全面を使
い、2対2で行なうパターン。ダブルス
の要素が強くなり、半面のストレート
と違ってクロスの球に対応する必要
も出て来る。どちらかというと、練習メ
ニューの一つというよりかは、ウォーミ
ングアップや遊びの一環として取り入
れて、スキルの向上などを目的とする。

駆け引きを
積極的に行なう

相手ペアのセンターを使って判断を
遅らせるなど、駆け引きを積極的に
行なおう。基本的な目的は、半面対
半面と同じであるため、ネット前の
球に対してスピードを上げて上から
取れるようにすることや、攻守ともに
次の球の準備を早くする意識は持
ち続ける。

Variation 2

全面対全面（シングルス）

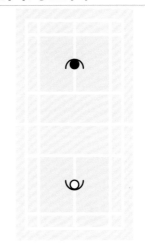

やり方

シングルスコートの全面（ネット前と
後ろなし）を使って行なう1対1のパ
ターン。他のパターンと同じようにショ
ットに制限はないが、例えば長身
の選手相手に簡単に上げたら決め
られてしまう。相手に打たせないよ
うな配球を意識して取り組む。

自分が優位に立てる
配球を意識

相手に打たせないためには、コート
の四隅にしっかり打って自分のチャ
ンスを作ったり、クロスへの配球で
は出来る限り上からのタッチを心が
けたりするなど、相手との駆け引き
を工夫しよう。

カットとロブ

ねらい	カットとロブの精度を高める	強化項目	・**守備力** ・**攻撃力** ・**ストローク力** ・戦術 ・ローテーション（ダブルス）
時間・回数	3~5分		
難易度	☆☆☆☆☆		

カット側がストレートにカット　　　　　ロブ側がカット側へ向けてロブで返球

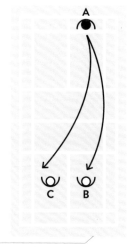

練習者Aがランダムでストレートとクロスのカットを打ち分ける。練習者BとCはロブで練習者Aに返球する

やり方

練習者Aがバック奥（またはフォア奥）から、ストレートとクロスにカットを打ち分け、練習者BとCは練習者のいる位置に向けてロブで返球する。練習者Aはストレートとクロスを交互に打つ必要はなく、相手の状況などを見てランダムに打っていくこと。

 打球後は元の位置に戻る

練習者BとCはハーフから前の球に対してロブを上げるだけだが、ポジションを前に取り過ぎないように注意しよう。しっかりと足を出してロブを打つ練習にするためにも、打った後はきちんと中央に戻ること。

Advice カットの長さを
打ち分けよう

カットの球足の長さを打ち分けるポイントは、フォロースルーにあります。フォロースルーを速く、大きく振っていくと球足が長くなります。一方でフォロースルーを小さくしてラケットを振り切ると、球足の短いカットになります。どちらか見分けが付かないようにするためにも、同じフォームから打ち分けられるようにしましょう。

ロブを打ったら元の位置へ。カット側がクロスへカット　　ロブ側が再びカット側へ返球する

Variation

フォア側とバック側から
打ち分ける

やり方

パターン2としては、ロブ側の練習者（B）を一人にして、ロブを両サイドに打ち分ける。カットを打つ側の練習者Aは、フォア奥とバック奥から練習者Bに向けてカットを打ち分ける。

Point ランダムな配球で
練習者を動かす

この練習でも、ロブ側はフォア奥とバック奥へ交互に返球する必要はない。練習者Aを動かすことを意識して、ランダムな返球を心がけよう。

練習者Bがフォア奥とバック奥にロブを打ち分ける。練習者Aは両サイドから練習者Bに向けてカットを打つ

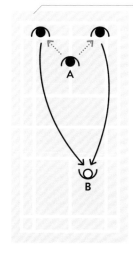

レシーブの基礎

ノッカーは手投げで下から球出しをする

コンパクトなスイングを心がけて小さくテイクバック

面をフラットな状態にしてヒット

しっかりと振り切り、コートの奥まで返す

やり方

練習者はコート中央より少し後ろに立ち、ノッカーは練習者の斜め前から手投げで球出し。練習者はコンパクトなスイングを心がけながら、コートの奥に向けてレシーブをストレートに打つ。また、球出しのスピードは上級者になるにつれて、早いリズムで出そう。

Advice 実戦でミスをしにくいレシーブを

ダブルスをイメージした練習ですが、レシーブにとっては基礎中の基礎といえる内容です。身体の使い方やインパクト時の面の作り方などを、繰り返し練習することで身につけていきましょう。形を作ることができれば、実戦でもミスをしにくいレシーブが打てるようになります。

ねらい	コンパクトなスイングから 強い球を飛ばす	強化 項目	・**守備力** ・攻撃力
時間・回数	20球×3セット		・**ストローク力** ・戦術
難易度	★★★☆☆		・ローテーション（ダブルス）

Point　膝を使ってミスを減らす

コンパクトなスイングからでも、コートの奥へと打球を飛ばすためには、膝をバネのようにして使い、身体全体の力をラケットからシャトルへと伝えることが必要になる。テンポの早い球出しからでも、1球ずつ正しく身体を使って打つことを心がけよう。下写真のように棒立ちになってしまうと、身体の力をシャトルに伝えることができずに打球が飛ばないばかりか、腕の力だけで飛ばそうとするためにミスも増えてしまう。

膝が伸びてしまういわゆる棒立ちの状態。
身体全体の力を伝えることが出来ず、手打ちになってミスが増える

Point　ラケット面は
　　　　フラットに当てる

膝を使って打てていても、遠くに飛ばなかったり、真っ直ぐ飛ばなかったりする場合は、面の当て方に問題がある場合が多い。ラケット面はシャトルに対して真っ直ぐ当てることを意識しよう。右写真のように上に向いてしまったり、タイミングがずれて面が左右を向いてしまったりしないように注意。

ラケット面が上を向いてしまうと、きちんと遠くまで打球が飛ばない。また左右に面が向いてしまうのもNG

Menu 04 ふたば未来式

スマッシュレシーブ

身体の軸をしっかり保ち、身体の真横よりも少し前でヒット

腕の力ではなく、体重移動を使って球を運ぶイメージ

ストレート

やり方

シングルスをイメージしたスマッシュレシーブの練習。まず、ノッカーがバック奥からストレートにスマッシュを打つ。それに対して練習者は、センターで構えて、スマッシュに対してストレートかクロスにショートリターン。逆サイドでも行なうほか、慣れて来たらクロススマッシュに対してのレシーブも行なうが、あくまでも形作りが目的のため、返球コースを決めておくなどしてフリーでは行なわない。

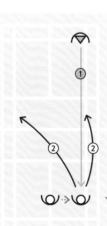

ノッカーはストレートにスマッシュ。練習者はストレートとクロスにショートリターンで返す。バック側も行なう

Point 身体を入れて、正しい打点で捉える

相手が打って来る強打に対して、ショットを正確にコントロールするためには、まず下半身を安定させることが大事。足が棒立ちになってしまったり、反応が遅れて身体が突っ込

前から

NG

反応が遅れるなどして身体の軸がブレると、手打ちになってしまい、コントロールがしにくい

ねらい	スマッシュレシーブの 形作り	強化 項目	・**守備力** ・攻撃力 ・**ストローク力** ・戦術 ・ローテーション(ダブルス)
時間・回数	20球×3~5セット		
難易度	★☆☆☆☆		

クロス

身体の軸を保ったまま、
ストレートよりも前でヒット

体重移動をしながらクロスに
球を沈める意識で返球する

んでしまったりして、手打ちにならないように注意しよう。その上で、シャトルは身体の前でヒットすること。打点が後ろになると正確にコントロールすることが難しくなる。

横から

NG

打点が身体よりも後ろになると、
コースの打ち分けが出来ない

Variation

球出しが難しい
場合は手投げで

やり方

実際にスマッシュを打って球出しをするとなると、ノッカー側にもある程度、高い技術が求められてしまう。そこで、競技経験の浅い人がノッカーをやっても練習ができるように、手投げで球出しをするパターンもある。手投げで行なう場合は、ネットを挟んで反対側にノッカーが立ち、上から投げて球出しをしよう。

ラケットで正確に球出しができないようであれば、手投げで実践してみよう

Menu 05 ふたば未来式

プッシュレシーブの打ち分け

ねらい	プッシュレシーブを ミスなく打ち分ける	強化 項目	**・守備力** ・攻撃力 **・ストローク力** ・戦術 ・ローテーション（ダブルス）
時間・回数	1箇所5分×3（逆サイドも行なう）		
難易度	☆☆☆☆☆		

基本的には、正面のノッカーから
出された球はストレートに、クロ
ス側のノッカーから出された球は
クロスにプッシュレシーブを打つ

やり方

ダブルスの守備要素が強いノック練
習。練習者はコート半面の中央より
少し後ろで構え、ノッカーは反対側
コートのショートサービスラインより
手前で、半面に1人ずつ立つ。2人
のノッカーは、練習者に向けて交互
に手投げで上から球出し。練習者は
プッシュレシーブをストレートとクロ
スに打ち分けていく。

バック側

左肩を引くようにしてテイクバックの空間を作る

フォア側

右足を少し引くことで、空間ができてテイクバックしやすくなる

（Point）　打つ前の空間作りがカギ

プッシュレシーブのようにコンパクトなスイングが求められるショットでは、打つ際に空間がないとラケットをテイクバックができない。特に身体に近いところに来た球に対してのスイングは、テイクバックがしづらくなる。そこで、バック側の球に対しては フラットなスタンスから左肩を引くようにすることで空間を作ろう。フォア側の球に対しては、右足を少し引くことで空間を作る。空間を作ることができれば肘を可動させやすくなり、コースの打ち分けもしやすくなる。

Variation

ふ　た　ば　未　来　式

対人形式でやれば難易度アップ！

やり方

手投げのノック形式でゆっくりと球出しをすれば、初心者でも取り組みやすい練習だが、中・上級者にとっては物足りないメニュー。その時は、ノッカーと練習者がラリー形式で行なおう。プッシュレシーブのためスピードも必然的に上がり、そのなかでストレートとクロスに打ち分けるのは、高い技術が必要になってくる。ふたば未来学園高校では、この形式で取り組むことが多い。

ノック形式ではなく対人によるラリーで行なうと、
練習の難易度を上げられる

Menu 06 ふたば未来式

プッシュ練習

ねらい	プッシュの打ち方と高さの見極め	
時間・回数	20球×3セット	
難易度	☆☆☆☆☆	

強化項目
- 守備力
- **攻撃力**
- **ストローク力**
- 戦術
- ローテーション(ダブルス)

フォア側でプッシュを打つ

コート中央に戻ってからバック側へ

バック側でプッシュを打つ

やり方

ノッカーはネット前のコート中央に立ち、ネットより高い位置に向けて左右交互に球出し。練習者はその球に対して、プッシュを続けて打つ。慣れて来たら球出しを左右フリーにして、練習者のスピードを上げていく。

 Point 打球時の高さを見極める

プッシュを打つ際には、ラケットを立てて上から触っていくことが基本となる。ノッカーの球が低かった場合に(下写真)、無理にプッシュを打ちにいっても、ネットにかけるミスにつながってしまうため、無理せずヘアピンで返そう。球の高さを見極めて、ミスをしないようにプッシュを打つことを心がける。

ネットより低い球にプッシュを打っても、
ミスになる可能性が高い

クリアー練習

ねらい	打球後の戻りまでを意識したクリアー	強化項目	・**守備力** ・攻撃力 ・**ストローク力** ・戦術 ・ローテーション(ダブルス)
時間・回数	20球×5セット		
難易度	☆ ☆ ☆ ☆ ☆		

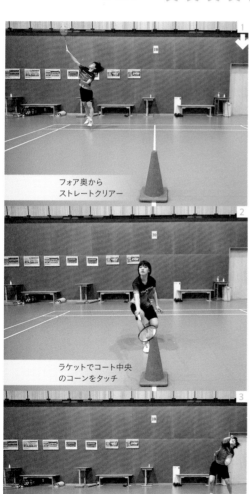

フォア奥から
ストレートクリアー

ラケットでコート中央
のコーンをタッチ

バック奥から
ストレートクリアー

やり方

パートナーはフォア奥とバック奥に一人ずつ立ち、交互にストレートクリアーを打つ。練習者はパートナーから打たれたクリアーに対して、ストレートクリアーで返球。クリアーを打った後はセンターに戻って、コート中央に置かれたコーンをラケットでタッチすること。

Advice 身体の軸を保って打とう

下写真のように、ショットを打つときに上体のバランスが崩れていると、着地後に身体が外に流れて次の動作に移るのが遅くなってしまいます。身体の軸を保ちながら打ち、打球後は右足を前に出すようにして着地をするなど、次の動作を考えて取り組んでください。

上体が崩れた形
でヒット

着地時に身体が
外に流れてしまう

NG

ドライブ1球交替

一人目がドライブを打つ

ドライブを打った人はサイドへ抜けて後ろへ

2人目がドライブを打つ

3人目がドライブを打つ。これを繰り返す

やり方

コート両側で半面に3人ずつが入り、ローテーションをするように回りながら、1球ずつドライブを打ち合う。ドライブの精度を上げるとともに、ダブルスのローテーション感覚を身につけるのにも役立つメニュー。また、初心者や子どもなどが行なう場合は、数を数えながら100球をミスせずに続けさせるなど、楽しみながら行なえる練習だ。

図の場合は下がフォアドライブで、上がバックドライブ。どちらで打つかはフリーにせず、固定して一方向に回っていく

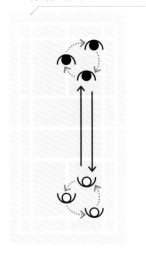

ねらい	ドライブの 精度を高める	強化 項目	・守備力 ・攻撃力 ・**ストローク力** ・戦術 ・**ローテーション（ダブルス）**
時間・回数	5分×3セット（半面両サイド、全面）		
難易度	☆☆☆☆☆		

ふたば未来学園の指導方針

基本ショットの打ち方

基礎練習メニュー

シングルス練習メニュー

ダブルス練習メニュー

トレーニングメニュー

練習の組み方と強化方針

Advice ダブルスのローテーションを意識する

ドライブの精度を上げるだけならば、1対1の練習でもやることができます。この練習を複数人でやるのは、動きながら打つ技術を身につけることの他に、ダブルスのローテーションも意識しているためです。ゆっくり打って3人が大回りするのではなく、実際のローテーションに近づけるためにも、スピードを上げてコンパクトに3人がまわっていきましょう。

練習者は打球後に素早くサイドに流れて後ろへと下がろう。ドライブの技術だけではなく、スムーズなローテーションも意識する

ふたば未来式

Variation

ショートドライブの強化にも役立つ

やり方

サービスを打った後に、レシーバーがサーバーに向けてショートドライブを返してくるケースも多い。そうした場面に対応するためにも、このメニューをショートドライブに変えて練習しておくことが有効だ。練習方法はドライブがショートドライブに変わった以外は同じ。できるだけ正面で取れるように、意識しながら取り組もう。

ショートドライブのため、打つ位置はドライブよりも手前になる。正面でヒットできるように意識する

連続スマッシュ

ねらい	連続で打つスピードや我慢強さを養う
時間・回数	20球×1セット
難易度	☆☆☆☆☆

強化項目
- 守備力
- **攻撃力**
- **ストローク力**
- 戦術
- ローテーション（ダブルス）

やり方

ノッカーはネット前の中央に立ち、練習者のフォア奥とバック奥に向けて交互に手投げで高い球を出す。練習者はコート後方の中央でスタートして、フォア側とラウンド側で交互にスマッシュを20球打ち続ける。1球打つ毎に、必ずセンターに戻る意識を持つこと。

ラウンド側からストレートスマッシュ

打った後はセンターに戻る

フォア側からストレートスマッシュ

練習者はフォア側とラウンド側から交互にストレートスマッシュ。ノッカーは球出しの早さや高さなど、ある程度は練習者が打ちやすい球出しを心がけよう

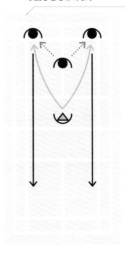

ノッカーの球出しのタイミングをしっかりと見る

出された球に対してステップを開始

シャトルに対して歩幅を合わせる

タイミングを合わせ、身体を入れてジャンプ

Advice 歩幅とタイミングを合わせる

スマッシュでも1発では決まりづらく、連続して打つ我慢強さや早い展開のなかでも打ち続けられるスピードを身につける必要があります。ただし、飛びつきから連続でスマッシュを打てたとしても、1本1本に対してしっかりと身体を入れられなければ、効果的な強打を打つことはできません。ノッカーから出される球に対して、歩幅やタイミングを合わせて、身体を入れた状態でスマッシュを打ちましょう。

Point 打点が身体から離れないように注意!

連続でスマッシュを打つなかで、タイミングが遅れてしまったり、歩幅が足りなかったりすると、右写真のように打点が身体から離れてしまう。写真の状態では力の入ったスマッシュを打つことが出来ないため、ノッカーの球にしっかりタイミングを合わせよう。

フォア側　ラウンド側

スマッシュに入るタイミングや歩幅がズレてしまうと、力の入ったショットが打てない

ロブの打ち分け

やり方

練習者はロブを打つときと同じように、足を踏み込んだ状態を作って待機。そこにノッカーが手投げで球出しをする。練習者は足を踏み込んだまま、ストレートとクロスにロブを打ち分けていく。バックロブも行なう。

Point 乱れたフォームはミスに繋がる

正しいフォームで打つ事を心がけよう。膝に体重が乗っていなくて手打ちになってしまったり（下写真上）、状態が突っ込み過ぎてインパクト時にシャトルを見ていないのはNG（下）。

膝に体重が乗っていないと手打ちになりやすい

NG

シャトルが見えてないとコントロールしにくい

NG

1 足を踏み込んだ状態で待機

2 できるだけコンパクトなスイングを心がける

3 面をフラットにしてヒット

4 フォロースルーを狙ったコースに持っていく

ねらい	ロブのフォーム作り	強化項目	・**守備力**
			・攻撃力
時間・回数	20球×3セット		・**ストローク力**
難易度	☆☆☆☆☆		・戦術
			・ローテーション（ダブルス）

Point クロスも同じフォームから

ロブをクロスへ打つ際も、ストレートと同じフォーム、同じラケットの軌道から打ち分けられるようにしよう。練習自体の難易度は低いが、繰り返し行うことで、スイングをコンパクトにしたり、同じフォームから打てるようにするなど、ロブの打ち方を磨いてショットの精度を高めるために必要なメニュー。ふたば未来学園の選手たちも、悪い癖を直したりショットの精度を高めるために取り組んでいる。

クロス

Point バック側もポイントは同じ

バックロブでもNGとなるのは、フォアと同じで膝に体重が乗っておらずに手打ちになることと、インパクト時にシャトルを見られていないこと。正しいフォームに気をつけながら練習することでロブの精度を上げていこう。

ストレート

クロス

できるだけストレートと同じフォームやラケットの軌道から打ち分けられるようにする

Menu **11**

ふたば未来式

ハーフから前の手投げノック

ねらい	スムーズな体重移動を身につける	強化項目	・**守備力**
時間・回数	20球×3セット		・攻撃力
難易度	☆☆☆☆☆		・**ストローク力**
			・戦術
			・ローテーション（ダブルス）

フォアサイド　**バックサイド**

フォア前　**バック前**

ハーフから前の4点のみに球出しする、手投げ形式のノック。ノッカーは練習者のレベルに合わせて、球出しのテンポを変えよう

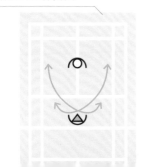

やり方

ノッカーはネット前に立ちフォアサイド、バックサイド、フォア前、バック前の4点に手投げで球出しをする。練習者側にショットの指定などはないが、早いテンポで出される球に対して、スピードのあるフットワークを心がけて、落とさないように反対コートへ返す。

Point ノッカーがフェイントをかけても○K

下写真のノッカーに注目。練習者に
バック前で打たせた後、フォア側に
球を出すと見せかけて、再度バック
前に球出しをしている。練習者にと

っては、フェイントをかけられたとき
の体重移動の練習にもなるため、ノ
ッカーはフェイントを織り交ぜた球
出しをしていこう。

クロス

ノッカーがバック側へ球出しするようにフェイント　　　　ノッカーが戻ったあたりで、再度バック前に球出し

Point 上体を低くしたままスピードアップ

下写真は、練習者がフォアサイドで打
球した後、センターに戻ってからフォア
前の球に対して動き出したところ。一見、
問題のない動きに思えるが、写真のよ

うに打球後に完全に上体を起こしてし
まうと、テンポの速い球出しについてい
けなくなる。上体は低くしたままで、次
の球に対して動き出すように心がける。

NG

フォアサイドでヒット

センターへ戻る際に
上体を起こしてしまう

完全に上体を起こし
てから移動を開始

次の球に対する
動き出しが遅くなる

ふたば未来式

ハーフから後ろの手投げノック

ねらい	フットワークの スピードを上げる	強化 項目	・**守備力** ・攻撃力 ・**ストローク力** ・戦術 ・ローテーション（ダブルス）
時間・回数	20球×3セット		
難易度	☆☆☆☆☆		

フォア奥　バック奥　フォアサイド　バックサイド

ハーフから後ろの4点を集中的に行なうノック。特にコート後方への入りを早くすることを意識して、可能であれば上からショットを打つ

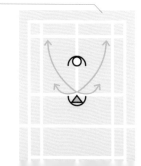

やり方

ノッカーはショートサービスラインの中央付近に立ち、フォア奥、バック奥、フォアサイド、バックサイドに向けて手投げで球出し。球出しの順番はランダムでOK。練習者は、フットワークのスピードを上げながら打球に向けて足を出して、反対コートに打ち返す。コートの奥からは、できるだけオーバーヘッドストロークで打てると良い。

全面手投げノック

ねらい	フットワークの スピードアップ	強化 項目	・**守備力** ・攻撃力 ・**ストローク力** ・戦術 ・ローテーション（ダブルス）
時間・回数	20球×3セット		
難易度	☆☆☆☆☆		

やり方

Menu11とMenu12の複合練習。ノッカーはショートサービスラインの中央付近から、フォア前とバック前、フォアサイドとバックサイド、フォア奥とバック奥の計6点に向けて、手投げで球出しをする。練習者はランダムで出される球に対して、うまく体重移動をしながらフットワークのスピードを上げて反対コートに返す。

球出しのコースはコート全面の6箇所。ノッカーは練習者のレベルに応じて球出しのスピードを変える。フェイントを入れてもOK

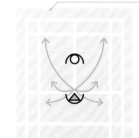

Menu 14

ネット前フェイント対応

ねらい	ネット前への 反応速度を上げる
時間・回数	20球×3~5セット
難易度	☆☆☆☆☆

強化項目
- **守備力**
- 攻撃力
- **ストローク力**
- 戦術
- ローテーション（ダブルス）

タッピングをしながら前傾姿勢で待機

やり方

練習者はコート後方で、両足を小刻みに動かしながら待機。反対側コートのネット前で構えているノッカーから球が出されたら、素早くネット前に詰めてロブを打つ。ノッカーは一定間隔で球出しせず、上投げで構えておいて練習者にタイミングを読まれないように球出しする。

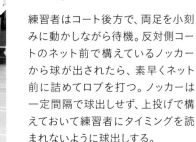

ノッカーが球出ししたら素早く前へ

Advice 不意に落とされた球に対応

特に女子選手に多いのですが、ダブルスのレシーブ時にプッシュを打って来ると予測して構えていると、フェイントをかけられたり、不意にネット前に落とされたりした場合に対応できないことがあります。どんな状況でも、ネット前の球に対応できるようにするための練習です。

ネット前に詰めてロブを打つ

ふたば未来式

素振りからドライブ

ねらい	スマッシュ後の 対応力強化
時間・回数	20球×3〜5セット
難易度	☆☆☆☆☆

強化 項目	・**守備力** ・**攻撃力** ・ストローク力 ・戦術 ・ローテーション（ダブルス）

コート後方でスマッシュをイメージした素振り　　　　　　　　素早く前に詰めてノッカーの球に対応する

ドライブをストレートかクロスに打つ　　　　　　　　　　　素早く戻って、繰り返し行なう

やり方

練習者はコート後方でスマッシュの素振りをした後、素早く前に詰めてドライブをストレートもしくはクロスに打つ。ノッカーはコートサイドのショートサービスライン付近で待機しておき、練習者が素振りを終えたタイミングでハーフに球を上げる。

 Point 優位な状況を作る

スマッシュを打った後に、ドライブで返球されるケースは試合のなかでもよく見られる。素早く対応して自分に優位な状況を作ろう。また、ノッカーがラケットを使って球出しをできるのであれば、練習者と反対側のコート中央からハーフに球出しをするとより実戦に近くなる。ドライブをショートリターンに変えてもOK。

選手に取り組ませる練習について

～基本ができていれば、同じ練習に取り組ませる～

　本書で紹介しているメニューは、練習の仕方によって初心者向けにも上級者向けにもすることができます。基本的には基礎のストロークができていれば、全員が同じ練習に取り組んで構わないでしょう。

　ただし、選手のレベルが上がるにつれて、ショットの速さや角度、正確性などは高まります。そうすると、同じ練習のなかでも選手の動きやタッチのポイントがより速くなる傾向にあるので、練習相手としては同等程度の選手で打ち合いができると、選手間で伸ばし合えるのではないでしょうか。

　ふたば未来学園では、練習の際に選手たちをいろんな組み方でグループ分けをして練習を行なっています。例えばシングルスで2対1を行なう際には、単純に強い順から

選んだ3人を同じコートに入れる場合もあれば、能力差のある選手を組ませて実施する場合もあります。力の差に関係なく、複数の選手やペアで回していくこともありますね。

　効率だけを考えれば、強い選手同士で練習した方がいいかもしれません。しかし、力の差がある選手やペアが一緒に練習を行なうことで、下の選手は引っ張られますし、上の選手はある程度の余裕を持つことで状況や相手選手、ダブルスであればパートナーのことも考えて取り組むようになります。

　必ずしも強い選手同士を同じグループにして練習をするのではなく、練習内容やチーム状況、時期などによって、練習の組み方は変わってくるのではないでしょうか。

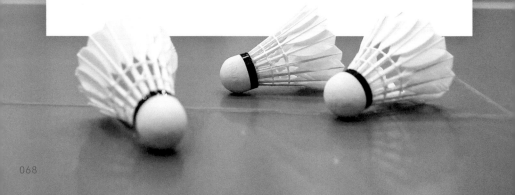

Part.4
シングルス練習メニュー

技術から実戦で役に立つ戦術を
身につける練習まで、
この章ではシングルスの能力を
高めるための練習を紹介します。
ポイントを抑えて練習に取り組むことで、
シングルス力をアップさせましょう。

Menu **16**

1対1 全面対半面

ねらい	守備から攻撃へ切り替える	強化項目	・**守備力**
			・**攻撃力**
時間・回数	半面5分×2セット		・**ストローク力**
難易度	★★★★★☆☆		・戦術
			・ローーテーション（ダブルス）

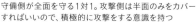

守備側が全面を守る1対1。攻撃側は半面のみをカバーすればいいので、積極的に攻撃をする意識を持つ

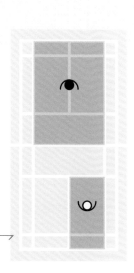

やり方

全面対半面で行なう1対1。全面側に入る1がメインの練習者になる。全面側にコート制限はないが、半面側が使用するコートはネット前なし。半面側の1がスピード感を持って全面側の1を攻撃し、全面側の1は守勢に回りながらもドリブンクリアーや低いロブなどを使って、攻撃につなげられるような配球を意識する。

Point 半面側はリズム良く攻撃

攻撃側がゆっくり攻めてしまうと、守備側は十分な時間を確保できてしまう。半面側はスマッシュ後に前へ詰めて上から触るなど、点を取る意識でリズム良く攻撃をしかけていこう。

Point 相手のミスを誘う配球

守備が基本となる全面側の1だが、守るだけではなく攻撃につなげられるようにすることがこの練習の目的。単純にアタックにつなげるだけではなく、相手が打って来たスマッシュやカットを、ネットギリギリの高さに返して相手のミスを誘うなど、常に得点の意識を持って取り組もう。

スマッシュリターンをネットギリギリの低い打球で返すなどして、相手のミスを誘う

Variation

2対1

やり方

攻撃側に一人を追加して行なう2対1形式の練習。目的は変わらず、1側は守備から攻撃へ移れるように配球していく。攻撃側は1人増えてもネット前はなしで範囲は限定されているため、積極的に攻めの姿勢を持つことを忘れずに。

Point 2対1で実戦的に

全面対半面の1対1の練習では、全面側の1は必ず半面に返球しなければいけないため、どちらかというとストローク力の強化が目的となる。2対1になることで、守備側の1も全面に返球できるため、より実戦に近い配球ができる。

Menu 17 ふたば未来式
スマッシュレシーブからロブ

1　練習者Bが
ストレートにスマッシュ

2　練習者Aは
ショートリターンで返球

3　練習者Bが
前に詰めてヘアピン

4　練習者Aはロブを上げて、
スマッシュレシーブに備える

やり方

練習者Aの守備力アップを目的とした
パターン練習。まずは練習者Bが後方
からストレートにスマッシュ。そして、A
のショートリターンからBがヘアピン。最
後はAがロブを上げる。これを繰り返
す。Aが打つロブ以外にもBが最初に
打つスマッシュをコースフリーにしても
OK。練習者Bはスマッシュをコースに
打ち分けて、決める意識で取り組もう。

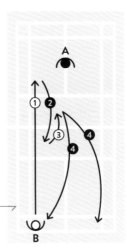

①スマッシュ②ショートリターン③ヘアピン④ロブ
という流れで行なうパターン練習。練習者Aの守備
練習のためにも、Bは勢いのあるスマッシュを打とう

ねらい	強打に対する守備力の向上	強化項目	・**守備力** ・攻撃力 ・**ストローク力** ・戦術 ・ローテーション（ダブルス）
時間・回数	20球×3~5セット		
難易度	★★★☆☆		

(**Point**) 勢いのあるスマッシュを打つ

練習の目的は練習者の守備力アップ。そのため、練習者Bは勢いのあるスマッシュを打つことが大事になる。ヘアピンを打った後は素早く後方に戻って、後ろから前に飛ぶようなイメージで力強いスマッシュを打とう。難しい場合は、練習者Bを複数人で担当してスマッシュ毎に交代すれば、コート後方からスタートして勢いのあるスマッシュが打てる。

1　素早く後方に下がってタメを作る

2　前に飛ぶイメージでジャンプ

3　タメの力をシャトルに伝えてインパクト

4　着地で足を入れ替え、素早くネット前へ

Variation

カットで相手を崩す

やり方

より実戦に近づけるためには、練習者Bの1球目をカットにしよう。カットで崩してからロブで上げられた球をスマッシュで攻撃していくイメージだ。練習者Aにとっては、カットで崩されないようにロブを上げる練習にもなる。さらに実戦に近づけたい場合は、1球目にクリアーを追加して、フリーにしても良い。

1　1球目をカットにして練習者を崩す

2　練習者は崩されないようにしっかりとロブを上げる

Menu 18 ふたば未来式

ロブからスマッシュレシーブ

ねらい	ロブとレシーブの精度を上げる	強化項目	・**守備力** ・攻撃力 ・**ストローク力** ・戦術 ・ローテーション（ダブルス）
時間・回数	20球×3〜5セット		
難易度	☆☆☆☆☆		

ノッカーから出された球をロブで返球

練習者Bがストレートにスマッシュ

レシーブをショートリターンで返す

やり方

練習者Aはコート中央で構え、反対コートにはネット前中央にノッカーが一人、後方に練習者Bが入る。まず、ノッカーが練習者のバック前（もしくはフォア前）に手投げで球出しをしたら、Aがロブをストレートに上げる。その球をBがストレートにスマッシュを打ち、Aがレシーブをショートリターンで返球する。すべてのショットをコースフリーにすると練習の難易度を上げられる。

ノッカーがネット前に球出しをしてスタート（①）。Aがロブを上げたら（②）、Bがスマッシュを打ち（③）、最後にBがレシーブでショートリターン（④）

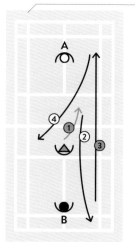

Point 一つひとつのショットを丁寧に

この練習で特に気をつけるのは、ロブを打つときの体勢。しっかりと足を入れた状態でロブを打たなければ、打球が安定せずにサイドアウトなどのミスが増えてしまう。ミスにならなかったとしても甘くなった球は簡単に打たれてしまうため、実戦感覚でロブをきっちり上げよう。スマッシュに対するショートリターンも同様で、手首だけを使って打つとミスにつながりやすい。打つ前の姿勢を大事にして、身体ごと打球を運ぶイメージを持つ。

ロブ

足を踏み込み、身体をしっかりと入れて打つ

狙ったところにフォロースルー。身体の軸を残す

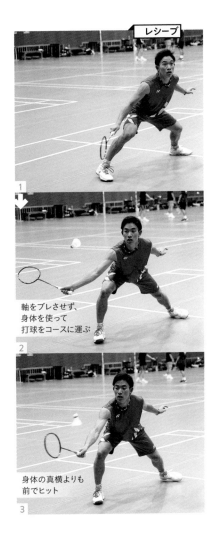

レシーブ

軸をブレさせず、身体を使って打球をコースに運ぶ

身体の真横よりも前でヒット

ふたば未来式

台上ノック

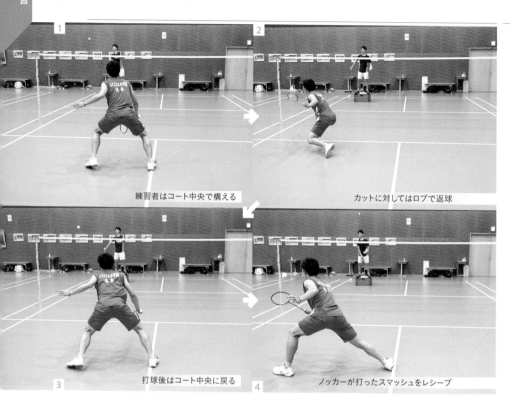

1　練習者はコート中央で構える

2　カットに対してはロブで返球

3　打球後はコート中央に戻る

4　ノッカーが打ったスマッシュをレシーブ

やり方

ノッカーは半面の中央で台の上に乗り、カットとスマッシュを交互にストレートへ打つ。練習者は全面のコート中央からスタートして、カットに対してはロブ、スマッシュに対しては状況に応じてショートリターン、ロングリターン、ドライブのいずれかで返球していく。ノッカーの位置を変えて、半面の反対側でも行なう。

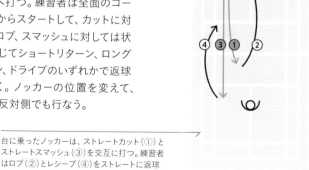

台に乗ったノッカーは、ストレートカット（①）とストレートスマッシュ（③）を交互に打つ。練習者はロブ（②）とレシーブ（④）をストレートに返球

ねらい	シングルスの レシーブ力アップ	強化 項目	・**守備力** ・攻撃力 ・**ストローク力** ・戦術 ・ローテーション（ダブルス）
時間・回数	20球×3~5セット		
難易度	☆☆☆☆☆		

Point 来るコースに
身体を寄せない

左ページで紹介したパターンでは、カットもスマッシュもストレートにしか来ない。だからといって、ロブを打った後に真っ直ぐ下がってしまい、コート中央まで戻らないのはNG。練習の効果がなくなってしまう。自分がどこに打ったらどこに構えるのかなど、実戦をイメージしたなかで、球の触り方を意識して取り組もう。

ストレートのみだからといって、縦の動きになってしまうのはNG。実戦で役立つ内容にするためにも、打球後はセンターに戻ろう

Variation

段階を踏んで
レベルアップ

やり方

パターン1ではストレートのみだったが、クロスのカットやスマッシュを入れてもOK。その際、いきなりフリーにするのではなく、パターン2ではストレートカットとクロススマッシュ、パターン3はストレートカットとスマッシュフリー、パターン4で全てフリーにするなど、段階を設けて難易度を上げていこう。

クロスカットに
対するロブ

クロススマッシュに
対するレシーブ

Menu **20** ふたば未来式

クリアーなし1対1

		強化項目	・守ß力
ねらい	チャンス作りと 攻撃力アップ		・**攻撃力**
			・**ストローク力**
時間・回数	5~10分		・**戦術**
難易度	☆ ☆ ☆ ☆ ☆		・ローテーション（ダブルス）

やり方

クリアーを打たないという制限だけを設けた1対1。コート後方で追い込まれるとクリアーを打てないため逃げられない。積極的に後ろに入って攻撃へとつなげていく。

Point 上から触って
チャンスを作る

ネット前で高い位置から触らないことにはチャンスは作れない。自分が不利にならない状況を考えながら、相手に上げさせる配球を意識して取り組もう。

この練習では、スマッシュ後にネット前に
詰める早さなど、スピードも求められる

1対2アタック

ねらい	打球後の戻りまでを意識したクリアー	強化項目	・守備力 ・攻撃力 ・**ストローク力** ・戦術 ・ローテーション(ダブルス)
時間・回数	20球×5セット		
難易度	☆☆☆☆☆		

やり方

1側と2側がともに全面を使って行なう1対2で、メインの練習者となる1側のサービスからスタート。1側は上がって来る球に対してはスマッシュかカット、ハーフ付近の球にはドライブなどを使って積極的に攻める。また、チャンスがあればネット前からのプッシュもOK。2側はスマッシュなしのフリーを行ないながら、空いているスペースへの球出しや、四角を狙ってストローク練習になるように取り組もう。

ネット前でより高い位置で触ることで、攻撃へと繋がるチャンスは広がる

⦿Point チャンスを作る配球を

攻撃の形を覚えるためにも、どうすれば攻撃につながるかを常に考えながら取り組もう。ネット前でより高い位置で触って相手に上げさせるなど、自分の攻撃パターンへとつなげる配球の精度を上げる。

スマッシュ&ネット

ねらい	基本的な攻撃の組み立てを身につける
時間・回数	20球×3セット
難易度	☆☆☆☆☆

強化項目
- 守備力
- **攻撃力**
- **ストローク力**
- **戦術**
- ローテーション（ダブルス）

ストレート

1 フォア奥からストレートにスマッシュ

2 真っ直ぐ前に詰める

3 フォア側のネット前でヘアピン

やり方

ノッカーは反対側のコート中央から、それぞれのパターンに応じてフォア奥、バック奥、フォア前、バック前の4箇所に球出し。ストレートの場合、練習者はフォア奥でスマッシュを打った後、フォア前でヘアピンかプッシュ。バック奥に下がって再びスマッシュを打ったら、バック前でもう一度ヘアピンがプッシュを打つ。ノッカーは練習者にプッシュを打たせたい場合は甘めの球を出したり、ドライブを打たせたい場合には長めの球を出すなど、ネット前への球出しを工夫しよう。

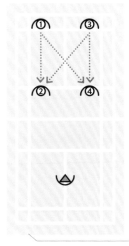

スマッシュからネット前という順番さえ守れば、①〜④の球出し順は自由に組み合わせてOK

1	2	3
フォア奥でスマッシュ	バック前に素早く詰める	バック前でヘアピン

Variation 1

クロス

やり方

スマッシュを打った後は、もちろんストレートだけではなく、クロスに走ってヘアピンやプッシュを打ってもOK。左図の①でスマッシュを打った後に④でヘアピン、③に下がってスマッシュを打ったら②でヘアピンなど、実戦を想定して逆サイドのネット前に詰めるパターンにも取り組んでおく。

Variation 2

前2点後ろ1点

やり方

スマッシュを打つ位置をフォア奥（またはバック奥）の1箇所に固定して、ネット前は両サイドから打つパターン。写真はスマッシュ位置をフォア奥に固定して、ネット前は両サイドで交互に打つ。

1	2	3
フォア奥でスマッシュ	ストレートにフォア前へ詰める	フォア前でプッシュ

4	5	6
フォア奥に戻ってスマッシュ	バック前へ	バック前でヘアピン

Menu **23** ふたば未来式

ロブの潰し

やり方

ノッカー（手前）は練習者と反対側コートのフォア前から、1球目をネット前の長めにストレートへ球出しする。練習者はノッカーの球を長めに返し、次にノッカーがクロスへロブを打ち、練習者は素早くフォア奥へと移動して筒を狙ってストレートスマッシュ。ロブは低い球だけではなく、高さを工夫して低いロブのみスマッシュを打つなど、実践を想定する。

`バック前→フォア奥`

1 ノッカーがストレートに球出し 　 2 長めのヘアピンを打つイメージで返球 　 3 ノッカーがクロスへ低めのロブ

`フォア前→バック奥`

1 フォア前からストレートに球出し 　 2 練習者がストレートへ長めに返す 　 3 ノッカーが低めのクロスロブを打つ

ねらい	得点パターンを身につける	強化項目	・守備力
時間・回数	20球×3〜5セット		**・攻撃力**
難易度	☆☆☆☆☆		・ストローク力
			・戦術
			・ローテーション（ダブルス）

ノッカーがストレートに球出し（①）したら、練習者は長めのヘアピンを打つイメージでストレートに返球（②）。ノッカーは低めのクロスロブを打ち（③）、練習者はフォア奥から飛びつき気味にスマッシュを打つ

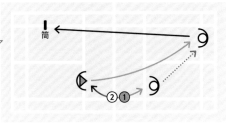

4 素早くフォア奥へと移動
5 筒を狙ってストレートスマッシュ
6

4 素早くバック奥へと移動
5 筒を狙ってストレートにスマッシュ
6

［ロブの潰し］つづき

Variation 1

ストレートロブへの対応

やり方

前ページでは、バック前からフォア奥、フォア前からバック奥とクロスロブへの対応を紹介したが、実際の試合ではロブの方向がクロスだけとは限らない。ストレートにロブを打たれた場合の対応も練習しておこう。

その場合、練習者はネット前から真っ直ぐ後ろに下がるのではなく、センターを経由するようにフットワークを刻むこと。また、スマッシュはストレートとクロスのどちらに打ってもOK。

ネット前から長めに返球　　センターを経由するように　　低めのロブに飛びついて
　　　　　　　　　　　　　　　フットワーク　　　　　　コースフリーでスマッシュ

Variation 2

同じモーションからカット

やり方

低いロブに対してスマッシュを打つだけではなく、カットを打つのも効果的。強打に対して構えている相手にカットを打つことで、相手の裏をかこう。その際、直前までカットと悟られ

ないためにも、できるだけスマッシュと同じモーションから打てるように心がける。ストレートスマッシュとクロススマッシュに加えて、カットも打てればより実戦で使えるパターンになる。

低いロブに対して素早く下がる　　直前までは　　　　　　カットで相手の裏をかく
　　　　　　　　　スマッシュと同じモーションで

Point ロブへの入りが遅いと追い込まれる

この練習で身につけたいのは、相手の低いロブを潰して自分のエースに変える得点パターン。しかし、ロブへの入り方が遅れてしまうと、低い打点から返すのが精一杯になってしまい、逆に自分が追い込まれてしまう。

また、スマッシュを打てたとしても、打点が頭の後ろで打っていたのでは、力の入ったスマッシュにはならない。長めのヘアピンで相手を誘った後は、素早く打球を判断してコートの奥へと移動できるようにしよう。

長めのヘアピンで低めのロブを誘う

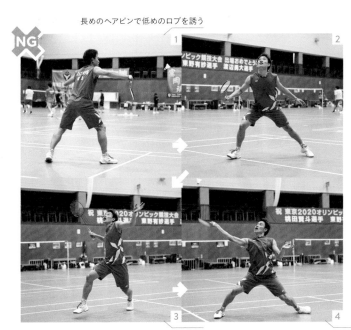

落下地点への入りが遅いと
タメを作る時間がない

打点が下がってからでは
決め球は打てない

Advice 実戦でも使われている得点パターン

この練習は高校や大学だけではなく、実業団などでも取り組まれている非常に大事なメニューです。相手のロブを自分のエースショットに変える、いわゆる"潰し"の練習ですが、シングルスの実戦でも本当に使うことができます。実際は飛びつき気味に打つことが多いスマッシュですが、可能であればしっかりと後ろから前に飛んで打つことが理想です。スマッシュをより前で、より高い打点でヒットさせることができれば、威力のある打球が飛んでエースになる確率も高くなります。

Menu **24** ふたば未来式

前なし1対1フリー

ねらい	実戦的練習で 得点パターンを身につける	強化 項目	・守備力 ・**攻撃力** ・**ストローク力** ・**戦術** ・ローテーション(ダブルス)
時間・回数	10~15分		
難易度	★★★★★☆		

やり方

お互いにショートサービスラインから前を使用しないで行なう1対1。ネット前を使わないことで低い球や速い球が多用されるようになるため、素早いフットワークから早い入りを心がけて、自分から仕掛けていく意識を強く持とう。

使用するコートを、ショートサービスラインから後ろのみに制限した1対1。速い展開から攻撃のタイミングを見極めよう

Advice　実戦での得点感覚を養おう

コートに前なしの制限をかけることによって、ネットギリギリに落ちるような短いヘアピンなどを打つことができず、ネット前からでも長めの低い球や速い球を打つ機会が多くなります。単純に長めの配球をするのではなく、次の展開までを予測した球出しをしましょう。得点へとつながる動きをしていくことが大切です。特に

Menu023で紹介した、ネット前から長めの球を打って低いロブを誘い、スマッシュをエースで決めるという得点パターンを身につけるのには最適な練習です。また、相手をコート後方に追い込み、相手が打って来たつなぎ球を狙ってカウンターをしかけるのも効果的です。

1　ネット前から長い球出しで低いロブを誘う

3　打球を見極めて素早く落下地点へ

4　強打を打つためにしっかり身体を入れる

6　カウンターからエースで決める

Menu **25**

ふ た ば 未 来 式

1対1 攻め対ラリー

ねらい	チャンス時の決定力と 守備力の強化

時間・回数	7〜10分×2セット

難易度	☆☆☆☆☆

強化 項目
- 守備力
- 攻撃力
- ストローク力
- 戦術
- ローテーション（ダブルス）

ラリー側は相手のミスを誘えるくらい、きっちりと四隅に打ち分けていく

やり方

コートの制限などは無いが、練習者の役割を攻め側とラリー（守り）側に分けて行なう1対1の練習。サービスからスタートして、攻め側の選手はネットを使った速い攻めを心がける。一方で、ラリー側の選手はミスをしないようにしっかりとラリーしていく。

Point ラリー側は 四隅に打ち分ける

この練習でラリー側に求められるのは、守備ではなくラリーをつなぐ意識だ。ラリー側だからといって攻めてはいけないわけではないが、基本はきっちりとコートの四隅に配球しつつ、相手がミスをするまでラリーを回していこう。それらを意識した打ち分けを続けていけば、シングルス時のストローク練習にもつながる。

ネット前では上から触って有利に

攻め側に求められるのは、ネットを使った速いタッチで攻めていくこと。常にトップスピードで動くことを意識しよう。そのなかでも、サービスまわりは重要なポイント。特にサービスから3球目は自分が攻めることができるポイントになるため、上から触っ て攻撃につながる球を作れるように意識する。また、ここまでのメニューでもやってきたように、ロブがきたら速く落下地点へと入り、強打のモーションからスマッシュやカットといった攻めのショットを打ち分けていこう。

ネット前で上から触ってチャンスを作る

ロブが来たら強打の体勢からショットを打ち分ける

常にトップスピードを意識。素早くネット前へ

再び上から触って攻撃のチャンスにつなげる

Menu 26 ふたば未来式

全面オールショート

ねらい	守備から攻撃への転換	強化項目	・**守備力** ・攻撃力 ・**ストローク力** ・**戦術** ・ローテーション（ダブルス）
時間・回数	ポジションを変えて5分ずつ		
難易度	☆☆☆☆☆		

全面側（奥）は守備だけではなく、優位に立てる配球を考えてラリーをする

やり方

練習者Aはコート全面をカバーしながら、Bのショットに対して全てハーフより前に返球する。ただし単に短い球を打つだけではなく、より実戦に近づけるために、速い球で奥に追い込まれた場合には、ドライブリターンなどで長めに返してもOK。練習者Bはハーフから前にしか球が来ないが、全面を意識したポジション取りをすること。

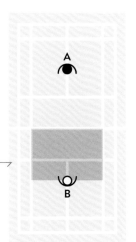

練習者Aは全面をカバーしつつ、Bのハーフより前の部に返球。Bは全面を守れるポジションを取りつつ、相手のいないところに配球していく

Point 相手に打たせない配球を

全面をカバーする練習者Aは守備的な動きが多くなるが、そのなかでも相手に強打を打たせないような配球を心がけよう。単純に返すだけではなく、自分が優位に立てるような配球を心がけること。

全面オールロング

ねらい	攻撃への転換を 意識した守備	強化 項目	・**守備力**
			・攻撃力
時間・回数	ポジションを変えて5分ずつ		・**ストローク力**
難易度	★★★★☆		・**戦術**
			・ローテーション（ダブルス）

やり方

Menu026の返球コースがハーフより前だったのに対し、この練習では練習者Aがコート全面をカバーしながら、Bのハーフより後ろに返球していく。練習者Bはスマッシュを打ってもOKで、その際はAがレシーブを長めに返してラリーを切らさない。

練習者Bはスマッシュもあり

スマッシュリターンは長めに返球

前に詰めてラリーを継続させる

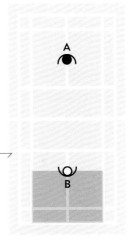

練習者Aは全面をカバーしつつ、Bのハーフより後ろの ■■■ 部に返球。Bは相手のいないところに配球していく

 Point しっかり奥まで返球する

コート全面をカバーしなければならない練習者Aにとっては、体力的にもキツイ練習になるが、どのショットに対してもきっちりとコートの奥まで返せるようにしよう。また、Bはコート後方にポジションを取らず、全面をカバーする意識を持つ。

Menu **28** ふたば未来式

ストレートストローク

1 練習者Aがストレートカット

2 練習者Bはストレートロブで返球

3 練習者Aがストレートクリアー

4 練習者Bも ストレートクリアーで返球

やり方

練習者Aはフォア奥からストレートに、カットとクリアーを中心に打ち分ける。もう一方の練習者Bはカットにはロブを、クリアーにはクリアーをストレートに打っていく。練習者Aはサイドライン付近ではなく、センターにポジションを取ることを意識しよう。バック側でも行なう。

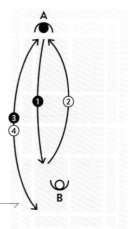

練習者Aのストレートカット（①）に対してBはストレートロブ（②）、クリアー（③）に対してはクリアー（④）で返球する

ねらい	ストレートの ストローク精度を上げる	強化 項目	・守備力 ・**攻撃力** ・**ストローク力** ・戦術 ・ローテーション（ダブルス）
時間・回数	フォア側とバック側で5分ずつ		
難易度	☆☆☆☆☆		

身体をシャトルの落下地点まで運べていないと、手打ちになったり（写真）、打球後に身体が外へ流れるなどして、ミスにつながりやすくなる

Point　身体を入れてミスを減らす

ストレートに打つショットは、クロスと違ってわずかでもコースを間違えばサイドアウトなどのミスにつながりやすい。どちらの練習者もしっかりと身体を入れて打つことで、ストレートのストロークをきっちりとコースに打ち分けられるようにしよう。足をしっかり運んで、身体を入れたショットを打つことが基本になる。

Variation

スマッシュを入れたパターン

練習者Aがスマッシュ

練習者Bはショートリターン

練習者Aがヘアピン

練習者Bがロブを上げて元に戻る

やり方

カットとクリアーの打ち分けに慣れてきたら、時折、スマッシュもストレートに打ってみよう。スマッシュを打った場合は、もう一方の練習者がレシーブでストレートにショートリターンで返し、スマッシュを打った側がヘアピン。そしてストレートロブで元の位置へと戻る。

Menu **29** ふたば未来式

カット＆クリアー

ねらい	カットとクリアーの 精度を上げる	強化 項目	・守備力 ・**攻撃力** ・**ストローク力** ・戦術 ・ローテーション（ダブルス）
時間・回数	各パターン5分×3セット		
難易度	☆☆☆☆☆		

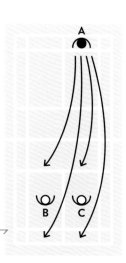

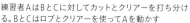
練習者AはBとCに対してカットとクリアーを打ち分ける。BとCはロブとクリアーを使ってAを動かす

やり方

練習者Aが練習者B・Cに対してカットとクリアーを打ち分けていく練習。Aは全面を使って、逆サイドからもコースフリーでカットとクリアーを打ち、BとCはロブとクリアーで練習者を動かしていく。BとCはローテーションせずにサイド・バイ・サイドのままで行なう。

(Point) 相手を崩す意識で打つ

練習者Aは、単純にカットとクリアーを打ち分けるだけではなくて、相手や状況を見て打つことで崩す意識を持とう。また、2側はローテーションがなく、前後の動きだけになるので、しっかりと身体を入れた状態から打てるように心がける。

1側にスマッシュを加える

やり方

パターン2では、1側にスマッシュを加える。ただし、いつでもスマッシュを打っていいわけではない。カットとクリアーを使って相手を崩し、チャンスが来たらスマッシュを打っていこう。スマッシュを打った後は、2側のショートリターンなどに対してネット前へと素早く詰めて、しっかり勝負できるようにすること。崩してからスマッシュを打ち、ネット前で勝負するという一連の動きを身につけられる。

カットとクリアーで
崩してからスマッシュ

レシーブに対して
素早くネット前へ

ヘアピンなどで
得点へとつなげる意識

2側にもスマッシュを追加

やり方

パターン3では、2側にもスマッシュを追加する。これにより、1側も崩しからの攻めだけではなく、クリアーが甘くなればスマッシュで攻撃されてしまう。コートの奥までしっかり打つ意識を持とう。また、クリアーやカットを打ちながらも、スマッシュに備えて意識を前にも置くこと。スマッシュを打たれたらショートリターンで返す、より実戦に近い形式。

1側のクリアーが甘くなれば、2側もスマッシュを打つ

Menu **30** ふたば未来式

対角線ディフェンス

		強化項目	
ねらい	ストロークの精度を上げる		・**守備力**
			・攻撃力
時間・回数	5~7分×役割を変えて3セット		・**ストローク力**
			・戦術
難易度	☆☆☆☆☆		・ローテーション（ダブルス）

2側はフォア前とバック奥（もしくはバック前とフォア奥）に一人ずつがポジションを取り、1側を全面で動かすように配球。1側は2側の2点に返球する

やり方

2対1で行なう1側の守備とストロークの練習。2側はフォア前に一人、バック奥にもう一人が構え、大きくポジション移動はしない。その状態から1側を動かすようにフリーで配球していく。一方で、1側は全面に出される球に対して、常に2側のいる位置に向けて返球していく。2側をバック前とフォア奥にしたパターンも行なう。

（Point） **決められた箇所にしっかり返す**

この練習では、2側にショットやコースなどの制限がないため、1側は全面をカバーしながら、様々なショットに対して2側がいる2点に向けて、返していかなければならない。フットワークやストローク力など、シングルスに必要な要素を鍛えることができる。

Advice 一番難しいのはクロスレシーブ

この練習のなかで一番難易度が高いのが、2側の後衛がバック奥にいるケースで、ストレートスマッシュを打たれた時の対応です（下写真右上）。1側は2側の位置に返球しなければなりませんから、ストレートにショートリターンを打つことができません。そうなると、返球はクロスへのショートリターンのみになります。フォアのレシーブは少しでも遅れると差し込まれてしまうため、素早く反応して打球に対して身体を入れて打てるようにしましょう。それを踏まえて、コートの奥にいる選手に返球した場合は、そのサイドに身体を少し寄せておくなど、実戦でも生きる感覚を身につけてください。

上から

1 — 2側の後衛がストレートにスマッシュ

2 — フォアで身体を入れてショートリターン

3 — 2側の前衛に向けてクロスに打つ

1側・横から

1 — 少しフォア側に身体を寄せて構える

2 — 差し込まれないように素早く身体を入れる

3 — 手打ちにならないように身体を入れてスイング

4 — 体重移動でシャトルを運ぶ

Menu **31**

ふたば未来式

スマッシュなし1対1

ねらい	相手の崩し方を磨く	強化項目	**・守備力** ・攻撃力 **・ストローク力** **・戦術** ・ローテーション（ダブルス）
時間・回数	10分		
難易度	☆☆☆☆☆		

ストレートを張っている相手にクロスカット

不意を突いて相手を走らせる

下から触らせて有利に進めるなどラリーを組み立てる

やり方

ショットの制限をスマッシュなしにして行なう1対1。その他にコートなどの制限はなし。スマッシュを打てないため、お互いに決め手に欠く状態になるが、各ストロークを打ち分けて相手を走らせたり、配球で崩したりと考えながら取り組もう。

(Point) 相手を
崩す意識で打つ

この練習で特に意識するのは、速いタッチやフェイントを使ってラリーを支配すること。スマッシュを使えないなかで相手を崩すためには必要な意識になる。また、ラリーを続ける場合も、常に一定のスピードでラリーを行なわず、スピードに緩急をつけることも大事。

スマッシュなしのため、コート後方で
追い込まれないように

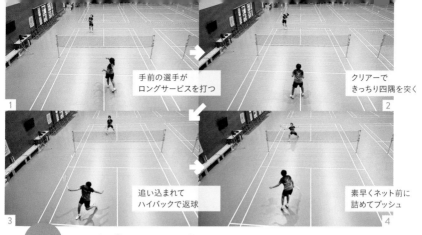

手前の選手が
ロングサービスを打つ

クリアーで
きっちり四隅を突く

追い込まれて
ハイバックで返球

素早くネット前に
詰めてプッシュ

Advice 展開例①クリアーで相手を追い込む

写真上の展開は、まず手前の選手が打ったロングサービスに対して、奥の選手がクリアーをきっちりとコートの奥まで打ち返した場面です。その後、手前の選手は反応が遅れてハイバックでストレートに返球するのが精一杯になっています。そのチャンス球を見逃さず、素早くネット前に詰めてクロスに決める得点パターンです。

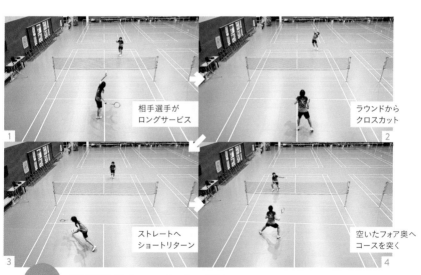

相手選手が
ロングサービス

ラウンドから
クロスカット

ストレートへ
ショートリターン

空いたフォア奥へ
コースを突く

Advice 展開例②クロスカットで誘う

次の展開も相手のロングサービスからの得点パターンです。写真手前の選手が打ったロングサービスに対して、ラウンドからクロスカットを打ちます。反応が遅れたサーバーがネット前にショートリターンを返してきたチャンス球に対して、相手のフォア奥へコースを突く球を打って得点します。

Menu **32** ふたば未来式

レシーブからのチャンス作り①

ねらい	守備から攻撃への切り替え	強化項目	・**守備力** ・攻撃力 ・**ストローク力** ・戦術 ・ローテーション（ダブルス）
時間・回数	20球×3セット		
難易度	★☆☆☆☆		

ノッカーのスマッシュに対してショートリターン

ノッカーは逆サイドのネット前へ球出し

ネット前の速いタッチで相手の攻撃を終わらせる

やり方

ノッカーはコート中央で台上から、練習者のフォアサイドにスマッシュ。練習者はショートリターンをストレートに打った後、バック前に出された球に詰めてヘアピンで返球。バックレシーブからフォアヘアピンのパターンも行なう。

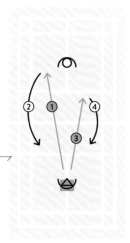

①台上からノッカーがスマッシュ②練習者がストレートにショートリターン③逆サイドのネット前に球出し④速いタッチでヘアピン

 Advice 下で触らせて攻撃を終わらせる

通常、スマッシュを打たれたら相手の有利な展開が続きます。しかし、この練習は次のネット前を早く触って相手に下で触らせることで、相手の攻撃を終わらせるイメージです。相手に上げさせて自分のアタックにつなげるイメージを持ちましょう。

Menu **33** ふたば未来式

レシーブからのチャンス作り②

ねらい	守備から攻撃へつながるストローク力の強化	強化項目	・**守備力** ・**攻撃力** ・**ストローク力** ・**戦術** ・ローテーション(ダブルス)
時間・回数	20球×3セット		
難易度	☆☆☆☆☆		

フォアサイドのスマッシュをショートリターン

ノッカーは練習者のラウンド側にロブ

ラウンドからストレートスマッシュで攻撃する

やり方

ノッカーが台上から練習者のフォアサイドにスマッシュを打ち、練習者はその球をストレートにショートリターン。続けてノッカーがバック奥に上げたロブに対して、ラウンドスマッシュをストレートに打つ。バッククレシーブからフォアスマッシュのパターンも行なう。

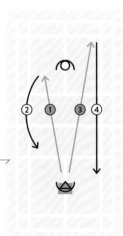

①練習者のフォアサイドにスマッシュ②ストレートにショートリターン③練習者のバック奥にロブ④ラウンドからストレートスマッシュ

 Point 慣れて来たらフリーで実戦的に

バックサイドへのスマッシュからフォア側へロブを上げるパターンも含めて、最初はコースを固定して繰り返していく。慣れて来たところで、コースをフリーにして、より実戦に近い形でも取り組んでいこう。

Menu **34** ふたば未来式

1点集中

ねらい	スピードを上げた状態でのショット精度の向上
時間・回数	20球×4箇所
難易度	☆☆☆☆☆

強化項目
- **守備力**
- **攻撃力**
- **ストローク力**
- 戦術
- ローテーション（ダブルス）

フォア奥 / バック奥 / フォア前 / バック前

やり方

ノッカーはバック前から練習者のフォア前に、フォア前から練習者のバック前に、センターからは練習者のフォア奥とバック奥に、テンポを上げて球出しする。練習者はネット前からはヘアピンとロブ、後方からはスマッシュとクリアーを打つ。コースはフリー。ノッカーは1箇所から様々なコースに球出しせず、練習者に1点から繰り返し打たせること。

 Point トップスピードを維持する

この練習の目的は、練習者がトップスピードを維持したままで打ち続け、ショットの精度を上げていくこと。ゆっくり球出しすると練習の難易度がかなり下がってしまうため、ノッカーは早いテンポでの球出しを心がけよう。

Point　戻りのスピードも上げる

ショットを打つときだけスピードを上げるのは、この練習本来の意図ではない。トップスピードで動き続けて練習者の負荷を上げるためには、

1球毎にしっかりセンターへと戻り、戻る際もトップスピードを維持しよう。負荷が掛かった状態でも正確にショットを打てるようにする。

ショットを打った後は、しっかりとセンターに戻る。その際もトップスピードを維持しよう

Point　スピードとショット精度のバランス

この練習は、スピードを上げれば上げるほどキツいメニューとなる。ただし、スピードを上げることにばかりに意識がいき、ショットの精度が疎かになっては意味がなくなってしまう。

トップスピードを出しながら、正確にショットを打てるようにしていこう。ノッカーも、練習者のレベルに合わせたテンポの球出しを心がける。

トップスピードを維持しながらも正確なショットを打つ

Menu 35 ふたば未来式

攻守交互

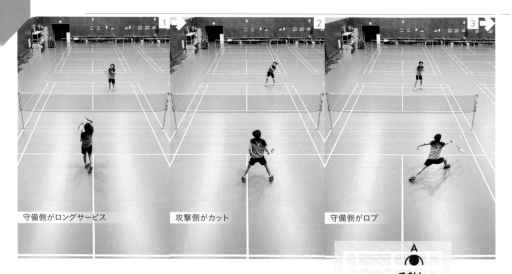

守備側がロングサービス | 攻撃側がカット | 守備側がロブ

やり方

図1：練習者Bのロングサービス（①）からスタートして、練習者Aがカット（②）。Bがロブを上げ（③）、Aがスマッシュを打つ（④）。

図2：Aのスマッシュに対してBがショートリターンで返したら（⑤）、Aのヘアピン（⑥）、Bのヘアピン（⑦）と続いて、Aがロブを上げて（⑧）攻守交代。図は展開の一例で、実際に練習者はオールコートをカバーしながら、コースフリーで行う。

図1

守備側

攻撃側は最初のカットで守備側を崩す意識

守備側はスマッシュに対応できるように戻りを早く

ねらい	攻撃時の崩しと守から攻への切り替え	強化項目	・守備力
			・攻撃力
時間・回数	10分		・ストローク力
難易度	☆☆☆☆☆		・戦術
			・ローテーション（ダブルス）

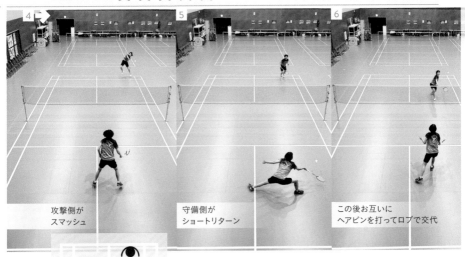

攻撃側がスマッシュ

守備側がショートリターン

この後お互いにヘアピンを打ってロブで交代

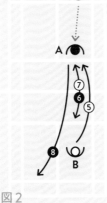

図2

Advice　カットで崩す意識を持つ

この練習メニューをパターンとしてではなく、より実戦に近づけるためにも、攻撃側は最初のカットで崩してからスマッシュを決める意識を持ってください。一方で、守備側はそうならないように、ロブを厳しいコースに打ち、スマッシュを打たせてショートリターンで決めるというスキルを高めていきましょう。

攻撃側は決めきる意識でスマッシュを打つ

シングルスに求められる能力

~コート内で動き続ける力が必要になる~

シングルスはダブルスと違って、コートを一人で動かなければならないため、瞬発力や敏捷性などの脚力に加えて、長いラリーに耐えられるだけの持久力が必要です。

また、ロブやクリアーをコートの隅に打ったり、カットやスマッシュではコースを突く以外にも、球の落ちる位置を使い分けたりと、スキルも大事な要素です。そのため、シングルス選手にはコントロール力も求められます。

卒業生のなかでは、ショットコントロールという点では桃田賢斗（NTT東日本）が抜けていました。女子選手では、今年の日本A代表に入った髙橋明日香（ヨネックス）は、身体能力が非常に高い選手でした。脚力があり、フットワークが最後にグッと伸びる。私から見ても取るの

が難しいだろうというショットに対しても、最後の一歩が伸びることでシャトルに触ることができていました。それだけ、脚力や敏捷性という点で優れていたのだと思います。

そうした先天的な身体的な能力に対して、高校ではトレーニングなどでさらに磨きをかけていきました。ただし私の経験上、例えば持久力に長けているが敏捷性のあまりない選手が、トレーニングを積んだからといって、敏捷性よりも持久力に優れた選手になるということはないと思います。これは遅筋や速筋の割合などが、ある程度決まっているためです。

種目に対する選手の適性も、ある程度は先天的な能力によって決まってくるのかもしれません。

Part.5

ダブルス
練習
メニュー

シングルスとダブルスでは、
同じショットでも使い方が違ったり、
多用される技術が異なったりと、
身につけることが変わってきます。
ここからはダブルスの技術や戦術を
身につけるための練習を
紹介していきます。

Menu **36** ふたば未来式

2対2プッシュレシーブ

ねらい	攻守交代の タイミングを見つける	強化 項目	・**守備力** ・攻撃力 ・**ストローク力** ・戦術 ・**ローテーション（ダブルス）**
時間・回数	1箇所5分×4		
難易度	☆☆☆☆☆		

やり方

プッシュ側の2はショートサービスライン付近、プッシュレシーブ側の2はセンターよりやや後ろに位置する。プッシュ側、レシーブ側のどちらもコースはフリーで行ない、レシーブ側はタイミングを見計らってローテーションもしていこう。

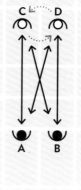

AとBがプッシュ側、CとDがレシーブ側。プッシュ側はコースフリーでプッシュを打ち、レシーブ側もコースフリーでレシーブを打ち分ける

 Point ## 常にラケットを立てておく

プッシュ側とレシーブ側の両方に言えることだが、できるだけコンパクトなスイングから、正確にコースを打ち分けられるようにしよう。また、プッシュ側は常にラケットを立てておくことに気をつけ、どんな球にも素早く反応できる体勢を整えておく。

プッシュ側はラケットを常に立てておくことで、素早く反応できるようにする

 Point ## 緩い球を沈めてローテーション

レシーブ側はローテーションもあり。タイミングは、レシーブでいい打球を打てたときに、相手が押されて緩い球を返して来た場面。その球をネット前に詰めて上から触ることで、球を沈めてローテーションをしていこう。その後は、再びサイド・バイ・サイドの形を取って、ラリーを続けていく。

プッシュ側が緩い球を返してきたらネット前へ

ネット前で上から触って球を沈める

再びサイド・バイ・サイドの形を取る

Menu **37** ふたば未来式

3対1フリー

		強化項目	
ねらい	ダブルスの守備力を高める		**・守備力**
			・攻撃力
時間・回数	1箇所10分×4		**・ストローク力**
難易度	☆☆☆☆☆		・戦術
			・ローテーション（ダブルス）

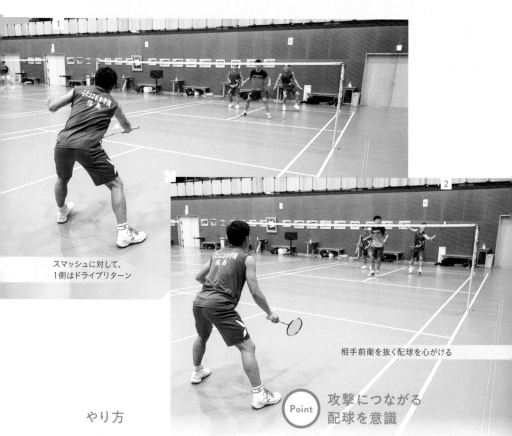

スマッシュに対して、1側はドライブリターン

相手前衛を抜く配球を心がける

やり方

3側が全面、1側が半面を使って行なう3対1のフリー。3側の配置は前衛が1人で、後衛が2人。フリーの練習ではあるものの、練習の目的は1側の守備力強化のため、主に3側が攻撃をしていき、1側は守備がメインとなる。

Point 攻撃につながる配球を意識

パターン1では、3側はローテーションを行なわないで、1側に対して攻撃をしかけていく。一方で、1側はきっちり奥まで返しながら、スマッシュにはドライブリターンで返球。相手前衛を抜く意識を持つこと。守備からでも攻撃につなげる展開を作り出す。

Variation 1

3側のローテーションあり

やり方

パターン2は、サービスから始めることで、サービスまわりの攻防も強化していく。また、3側のローテーションをありにして行なおう。ローテーションのタイミングは、後衛側の1人がス

マッシュなどの強打を打ち、1側のレシーブが前衛を抜けてハーフなどに返球された場面。スマッシュを打った人が、そのまま前に詰めてドライブを打ち、その流れで前衛へと入る。

後衛側の1人が強打を打つ

そのまま前に詰めてドライブ

前に詰めた流れで前衛に入る

Menu **38** ふたば未来式

ロングリターン

ねらい	スマッシュレシーブを大きく返す	強化項目	・**守備力** ・攻撃力 ・**ストローク力** ・戦術 ・ローテーション（ダブルス）
時間・回数	1箇所5分×3（逆側も行なう）		
難易度	☆☆☆☆☆		

1　バック奥から
練習者に向けてスマッシュ

2　ロングリターンで
大きく返球する

3　フォア奥から
練習者に向けてスマッシュ

やり方

練習者となる1側が、スマッシュに対して大きくロングリターンで返す練習。パートナーとなる2側は、半面のコート後方に1人ずつ立ち、半面の1側に向けてスマッシュを打つ。1側はスマッシュに対して、ロングリターンで大きく返す。返球するコースはフリーでOK。

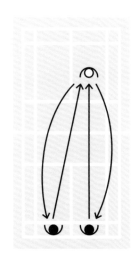

Point　しっかりラケットを振り上げる

スマッシュに対するロングリターンは、特にタイミングの合わせ方が難しいショットになる。ドライブリターンであれば、直線的な球のスマッシュを直線的に押し出すイメージで合わせればいいが、ロングリターンの場合はラケットを振り上げる必要があるからだ。また、差し込まれると強い球を返すことができないので、しっかりとレシーブの体勢を整えておき、スマッシュに対して力を入れてインパクトしていこう。

事前の準備を
しっかりしておく

タイミングを合わせ、
力を入れてインパクト

ラケットを振り上げる
イメージでスイング

準備が遅れると
差し込まれてしまう

タイミングが合わず、
力が伝わらない

差し込まれた場合は
奥まで飛ばしづらい

Advice　男女ともに必要なスキル

この練習は、特に女子選手が多く取り組みます。女子選手は、ドライブ戦のような低い展開に勝てなかった場合に、コートを大きく使って球をまわしていかないと勝つ事ができないからです。そのためスマッシュに対しても、後ろまで飛ばすスキルが必要になります。男子選手の場合は低い展開が多く、上げないことが基本となるため、使う機会は多くないでしょう。ただし、スマッシュに対して逆サイドに大きく振るなどの展開がないわけではありません。スキルとしては身につけておくべきなので、男子もこの練習に取り組んでみてください。

Menu **39**

ガードリターン

ねらい	ショートリターンと ロングリターンの打ち分け	強化項目	・**守備力** ・攻撃力 ・**ストローク力** ・戦術 ・ローテーション（ダブルス）
時間・回数	40球×5セット		
難易度	☆☆☆☆☆		

1 ノッカー2人は交互に
練習者に向けてプッシュ

練習者はショートリターンと
ロングリターンを打ち分ける

2

やり方

練習者は半面のセンターより少し後ろに、ノッカーの2人は半面のショートサービスライン付近に1人ずつが立つ。そこから、ノッカー2人が交互に練習者に向けて、プッシュを打っていく。練習者はプッシュのコースによって、ショートリターン（ドライブリターン）とロングリターンを打ち分ける。

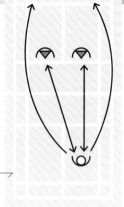

ノッカーの2人は交互に練習者に向けて
プッシュを打つ。練習者はロングリターン
とショートリターンを打ち分けよう

Point 高さによって打ち分ける

練習者はショートリターンとロングリターンを交互に打っていく必要はない。プッシュのコースや勢いによって、どちらを打つのかを判断しよう。その際、目安となるのは打球の高さだ。上半身付近に来た球に対してはドライブ、

腰よりも下の球に対してはロングリターンでしっかり上げていこう。また、ドライブを打つのが難しい場合は、ハーフに落としてもOK。実戦を意識して浮かない球を打つなど、試合の状況を頭に入れて取り組むこと。

ロングリターン

腰よりも
下に来た球は
ロングリターンで
返球

特に男子の場合は、
ショットスピードが
速くなるように意識

ドライブリターン

上半身付近に
来た球は
ドライブリターンで
返球

Menu **40** ふたば未来式

レシーブショートリターン

ねらい	スマッシュに対するショートリターンの向上	強化項目	**・守備力** ・攻撃力 **・ストローク力** ・戦術 ・ローテーション(ダブルス)
時間・回数	20球×3~5セット		
難易度	★★★★☆		

1　ノッカーがロングサービスを打つ

2　パートナーがストレートにスマッシュ

3　練習者がショートリターンで返球する

やり方

練習者は半面のセンターよりやや後ろに立ち、ノッカーは練習者とは逆サイドのショートサービスライン付近からロングサービスを打つ。ロングサービスに対してコート逆側のパートナーは、ストレートにスマッシュ。練習者はショートリターンをネット前に落とす。スマッシュを打つ側は練習者のボディ周りやフォア側、バック側など様々なコースを狙おう。

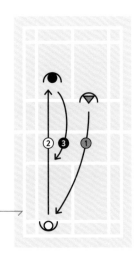

①ロングサービス②スマッシュ③ショートリターンの順番で繰り返す。パートナーはスマッシュを打つだけなので、できるだけ力強い球を打つように心がける

(Point) スマッシュの勢いを吸収する

スマッシュに対するショートリターンは、Menu04でも説明したように、シャトルに対してしっかりと身体を入れて、手だけではなく体重移動をしながらシャトルを運ぶことが重要。特にこの練習のように、より強いスマッシュに対する場合には、インパクト時に身体を使ってシャトルの勢いを吸収しなければ、打球が安定しない。下写真のように、足が棒立ちになっていたり、手だけでコースを打ち分けようとしたりすると、ミスにつながってしまうので注意しよう。

ストレート

膝が伸びた棒立ちの状態では打球の勢いを吸収できない

手打ちはミスにつながる。体重移動を使ってシャトルを運ぼう

クロス

クロスへ打つ場合も棒立ちはNG

手打ちになると正確なコントロールができない

半面レシーブからネット前

相手前衛を
抜くイメージで
ドライブを打つ

素早くネット前に
詰めてプッシュ

やり方

練習者はコート半面のセンターより
少し後ろに立ち、ノッカーは逆側の
コートで練習者の正面、ショートサー
ビスライン付近から球出し。ノッカー
はまずプッシュを練習者に打ち、続い
てネット前に球出しする。練習者は相
手前衛を抜くイメージでドライブを
打ってから、ネット前に詰めてプッシ
ュかヘアピンを打つ。これを繰り返す。

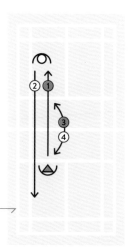

ノッカーはまず、練習者に向けてプッシュ（①）。練習
者はドライブで返球して（②）、ノッカーがネット前に
落として来た球（③）を、プッシュまたはヘアピン（④）

ねらい	前衛を抜いた後の処理	強化項目	・**守備力** ・攻撃力 ・**ストローク力** ・戦術 ・ローテーション（ダブルス）
時間・回数	20球×3〜5セット		
難易度	☆☆☆☆☆		

Point　ネットに詰める際はタイミングを計る

ドライブで前衛を抜き、相手後衛が落として来た球に対してプッシュを打つイメージの練習。ただし、ドライブを打った後にすぐにネット前へと詰めてしまうのはNG。実戦でドライブが相手前衛につかまった場合、前に動き出していると対応ができなくなってしまうからだ。ドライブを打った後は、前衛につかまることも考えてタイミングを計ろう。ノッカーはタイミングを計らせないように、プッシュを2球続けて打ってもOK。

ドライブ後は状況把握のためタイミングを計る

相手前衛を抜いたと判断したらスピードアップ

素早くネット前に詰めてプッシュかヘアピン

Variation

手投げで難易度ダウン

やり方

初心者が取り組む場合は、球出しを手投げにしてもOK。ただし、同じようにノッカーがプッシュを2球続けてもOKにしてしまうと、手投げで何球もプッシュを投げることになってしまう。手投げの場合はプッシュとネット前の2球で終わらせるようにしよう。前衛につかまる場合を考えて、練習者はドライブを打った後に相手が打つタイミングでステップを入れる。

手投げにすれば練習の難易度が下がり、初心者でもできるようになる

Menu **42** ふたば未来式

2対1アタック

ねらい	崩されずに 2人で攻め続ける	強化 項目	・守備力 **・攻撃力** ・ストローク力 ・戦術 **・ローテーション（ダブルス）**
時間・回数	1箇所5分×3		
難易度	★★★★☆		

ロングリターンに対してはスマッシュを打つ

レシーブをドライブで返して攻撃を継続

やり方

2側は全面、1側は半面を使って行なう2側メインの2対1練習。1側は全面に向けて球をまわし、2側はローテーションをしつつスマッシュやドライブで半面に向けて攻撃をしていく。1側はあまり短い返球はせずに、ドライブやロングリターンなどで、2側に強打を打たせよう。

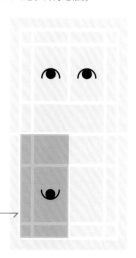

1側のコートは■■部の半面のみ、2側は全面を使う。ただし、1側はあまり短い球を返さず、長めの球出しを中心にして2側に攻撃させる

 Point 簡単には良い体勢から
打たせない

1側は2側のスマッシュに対して、ド
ライブリターンで逆サイドに振るな
どして、簡単に良い体勢から打たせ
ない配球を心がけよう。対して2側は、
クロスドライブに潜って上から触る
など、動きながらでも崩されずに攻
撃をし続ける。

1側はスマッシュに対するドライブレシーブなど
で相手を崩しにかかろう

 Point 崩された状況でも攻め続ける

この練習の目的は、2側が動かされ
ながらでも攻めの形を続けられるよ
うにすること。ただし、1側が甘い球
まわしをして攻撃させ続けても意味
がない。1側は2側が崩れた体勢か

ら打ってきたら、甘い球で攻撃させ
るのではなく、あえて速いドライブな
どを打って崩しにかかる。そうした
状況でも、2側は攻められるようにし
ていく。

2側の後衛がスマッシュ　　　　1側のドライブリターンを前衛が捕まえる

スマッシュを打った後衛が前に詰めてドライブ　　　体勢を崩されないようにしながら攻撃を続ける

Menu 43 ふたば未来式

1対1アタック

ねらい	スマッシュから攻め続ける	強化項目	・守備力 ・**攻撃力** ・**ストローク力** ・戦術 ・ローテーション（ダブルス）
時間・回数	5分×2セット		
難易度	☆☆☆☆☆		

しっかりシャトルの
下に入ってスマッシュ

ドライブのコースや
強さなど判断を早くする

ドライブでは
できるだけ球を沈める

やり方

半面の1対1で攻撃側と守備側に分かれて行なうスマッシュとドライブの練習。アタック側となる1は、スマッシュを打った後に前に詰めてドライブを打つ。レシーバー側の1は、スマッシュを打たせる高い球と、コースを突いたドライブを交互に打っていく。

 **ドライブを
下から触らない**

アタック側は単純にスマッシュとドライブを交互に打つだけではなく、スマッシュのコースを打ち分けたり、ドライブで沈めたりと常に自分が攻められる配球を心がける。そのなかでも、レシーバー側のドライブに対して下から触ってしまうと、実戦では相手前衛が潰しに来ることが多い。スマッシュ後の判断を早くして攻撃的なドライブを打てるようにしよう。

Menu **44** ふたば未来式

スマッシュ＆ドライブ

ねらい	スマッシュから攻め続ける	強化項目	・守備力
時間・回数	20球×3〜5セット		・**攻撃力**
難易度	☆☆☆☆☆		・**ストローク力**
			・戦術
			・ローテーション（ダブルス）

1 フォア奥からスマッシュ

2 前に詰めて上からドライブ

3 ラウンド側でスマッシュ

4 前に詰め、上から触ってドライブ

やり方

Menu43をノック形式にした練習。ノッカーはコート中央から、練習者のフォア奥、フォア側のハーフ、バック奥、バック側のハーフの順番に球出し。コートの奥へは高く上げて、ハーフにはドライブを打っていく。練習者は球出しの順番通りにコート上の4点を動きながら、スマッシュとドライブを交互に打っていく。

Variation

難しい場合はアタック側を2人に

やり方

アタック側が1人で4点を動きながら打ち続けるのが難しい場合は、アタッカーを2人にしてもOK。半面を1人ずつ担当して、前後の動きのみに集中しよう。

後衛アタック強化

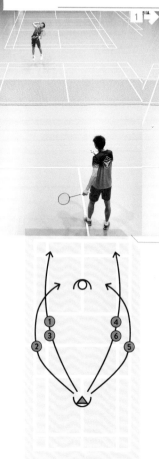

フォア奥から
スマッシュを打つ

前に詰めて
ドライブで返球

再びフォア奥に
上がった球をスマッシュ

やり方

ダブルスの後衛で、強打を打ち続けることをイメージした練習。ノッカーは左図の①から⑥の順番に球出し。①③と④⑥では後方に高く上げ、練習者はスマッシュ。②と⑤は緩い球をハーフに出し、練習者はドライブで返球。練習者が打つコースはフリー。

逆サイドに振られても
シャトルの下に入る

タメを作ることで
強打へとつなげていく

ねらい	全面をカバーしながら強打を打ち続ける	強化項目	・守備力 ・**攻撃力** ・**ストローク力** ・戦術 ・ローテーション（ダブルス）
時間・回数	18球×3〜5セット		
難易度	★★★★☆		

4 バック奥に上がった球に対してスマッシュ

5 素早く前に詰めてドライブ

6 もう一度バック奥に上がった球をスマッシュ

Advice 逆サイドに振られても身体を入れて打とう

1球目のスマッシュの後は、前に詰めてドライブを打ちます。ここまでの流れは、Menu43や44と同じです。しかし、この練習では3球目で再びコートの奥へ移動してスマッシュ。さらに4球目では、逆サイドに振られてからスマッシュを打つことになります。どちらも身体をしっかり入れてから打たなければ、強い球は打てません。特に逆サイドへの入りは遅れがちになるので、身体を入れて強打に結びつけていきましょう。

NG

1 準備ができていないと逆サイドへの対応が遅れる

2 シャトルの下に入りきれないままスイング開始

3 無理な体勢からの飛びつきで強打につながらない

Menu **46** ふたば未来式

前衛ノック

ねらい	ダブルス前衛の球さばきを身につける
時間・回数	20球×3〜5セット
難易度	★★★★☆

強化項目
・守備力
・**攻撃力**
・**ストローク力**
・戦術
・ローテーション（ダブルス）

1 バック側でプッシュ

2 センターでプッシュ

3 フォア側からプッシュ

やり方

練習者はショートサービスライン付近の中央からスタート。ノッカーは練習者とは反対側コートの正面に立ち、練習者のフォア側、センター、バック側の3点に向けて速い球出しをしていく。練習者は出された球に対してプッシュを打ち続ける。ただし、ノッカーの球が良い場合はネット前に落とすなど、決めることよりもミスせずに返す意識を優先させる。

ノッカーはフォア側、センター、バック側の3点に球出しするが、必ずしも1球ずつ順番に出す必要はない。バック側2回からセンターなどに出してもOK

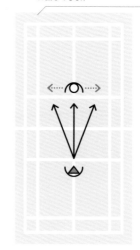

Point 大きく動かされた場合は無理をしない

ノッカーはフォア側、センター、バック側の3点に、練習者を動かすように球出しをするが、バック側からフォア側といったような大きな動かし方は多用しないように注意。また、練習者は大きく動かされた場合に対応が遅れがちになるため、無理にプッシュを打つのではなく、入れることを最優先して返球しよう。下写真ではすべてフォア（ラウンド）で打っているが、もちろんバックハンドのプッシュを打ってもOK。

バック側　センター　フォア側

Point コンパクトに顔の前方でヒット

連続してプッシュを打つこの練習では、常にラケットを立てておくことを意識する。また、プッシュを打つ際は、テイクバックを小さくしたコンパクトなスイングを心がけよう。コンパクトで強いスイングから、自分の顔の前方部分でヒットするという技術は、ダブルスの前衛として必要なスキル。繰り返し練習して覚えよう。

1　2

テイクバックを小さくしてコンパクトにスイング　顔の前でヒットすることを心がける

ふたば未来式

3対2ドライブの攻防

ねらい	ドライブ戦から攻撃のタイミングを作る	強化項目	・**守備力** ・**攻撃力** ・ストローク力 ・**戦術** ・ローテーション（ダブルス）
時間・回数	1箇所6分×5		
難易度	★★★★☆		

1　3側の後衛がスマッシュ

2　2側はドライブリターン

3　再びドライブの攻防に戻る

やり方

練習者側となる2はセンターより少し後ろでサイド・バイ・サイド、パートナーの3側は前衛2、後衛1の状態で行なう3対2。3側の前衛2人が攻撃的にドライブを打ち、2側もレシーブ気味ながらドライブで返球。そのなかで2側が低めに来た球をロングリターンしたら、3側の後衛がスマッシュを打つ。2側はスマッシュに対してもドライブで返していく。

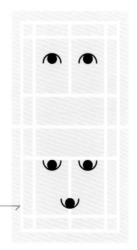

2側はセンターよりも後ろ気味で構え、3側は前衛2、後衛1の状態を維持。前衛同士でドライブを打ち合いながら、2側が上げたら後衛がスマッシュを打つ

Point スマッシュにはドライブリターン

練習者となる2側は、ロングリターンをしてもOKだが、できるだけドライブを打って相手前衛を抜けるような配球をしていこう。上げてしまった場合でも、相手のスマッシュに対してドライブリターンで返球。それを

相手前衛に捕まらないコースに打てるとさらに良い。守勢の状況でのドライブ戦からでも、相手前衛を抜く球や相手のミスを誘う球出しの技術を身につけたい。

低い位置の球にはロブで返球してもOK　　　　ロブを上げる場合はコースに気をつける

スマッシュに対してはドライブリターン　　　　相手前衛を抜くようなコースを意識

 Point 3側は常に
ドライブで押していく

3側の後衛は上がって来た球に対してすべてスマッシュを打つ。2側はロブを上げるにしても、相手後衛の位置などを見てコースを打ち分けること。後衛にできるだけ厳しい体勢からスマッシュを打たせるようにして、実戦につながる配球をする。

2側がロブを打つときは3側の後衛を振るなど、強打を打たれない配球を意識

Menu **48** ふたば未来式

2対2攻めと守り

ねらい	ダブルスの攻め方と守り方を身につける
時間・回数	10分×2セット
難易度	★★☆☆☆

強化項目	・守備力 ・攻撃力 ・ストローク力 ・戦術 ・ローテーション（ダブルス）

攻め側

コート後方からのスマッシュ

1

中間層でも浮いた球にはアタック

2

ネット前でも上から触って攻撃的に

3

やり方

ダブルスの練習としてはオーソドックスなメニュー。攻めと守りの役割を明確に分けて行なう2対2。攻め側の2はローテーションをしながら常に上から触る意識で、守り側の2に対して攻撃を続けていく。守り側の2は攻め側のアタックに対して、コート全面を使ってまわしていく。ただし、レシーブ一辺倒にならないように、ドライブリターンなど攻撃につながる返球をしてもOK。

Point 攻めと守りの役割を分けきる

攻め側の2は、コート後方からのスマッシュやカットを基本に、ドライブ、プッシュなど、攻撃的なショットのみを使うような意識でラリーをしていこう。攻めと守りの役割をしっかりと分けることで、お互いにとって練習が効果的なものになる。

Variation

サービスまわりの攻防をプラス

やり方

パターン2では、サービスからラリーをスタートする。これによって、より実戦に近い感覚で練習が出来るほか、サービスまわりでの攻め方、守り方も鍛えられる。また、ラリーでは

パターン1と同様に攻めと守りの役割をきっちりと分けるが、守り側はレシーブから相手のミスを誘うなど、レシーブで決める意識を持とう。

パターン2はサービスから開始

3球目で仕掛けるなど
サービスまわりで攻撃を組み立てる

4球目で上げさせたら、後衛がすかさずアタック

 Point 守り側は攻めにつながる配球を

パターン2の守り側は、攻め側が攻撃しやすい配球をする必要はない。例えばロングリターンを何回も上げ、攻め

側が疲れてから打って来たスマッシュをドライブリターンで返すなど、自分たちも攻撃につながる工夫をしていこう。

ロングリターンを繰り返して相手を疲れさせる　　威力の落ちたスマッシュをドライブリターン

131

3対2守り

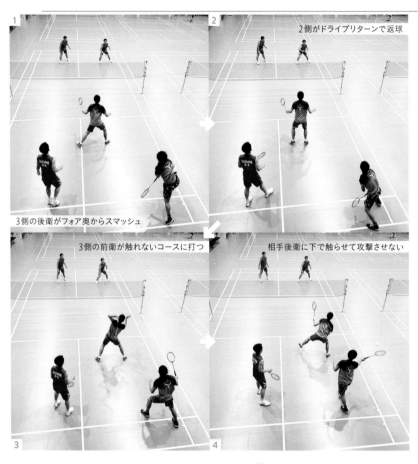

1
2
2側がドライブリターンで返球
3側の後衛がフォア奥からスマッシュ
3
3側の前衛が触れないコースに打つ
4
相手後衛に下で触らせて攻撃させない

やり方

3側は攻め、2側は守りと役割を分け、2側の守備力向上を目的とした3対2の練習。3側は前衛1、後衛2の形のままローテーションなしで2側を攻める。一方で、メインの練習者となる2側はサイド・バイ・サイドのまま、ローテーションはなしでレシーブから全面に球をまわしていく。

Point 攻撃につながる配球を

守備側の目的はMenu48と同じだが、攻撃側を3人にすることによって、かかる負担は大きくなっている。そのため、2側は守り続けることになるが、大きく返してばかりではなく、スマッシュに対してドライブリターンで相手前衛を抜くなど、攻撃につながる配球を意識しよう。

ねらい	ダブルスにおける守備力の向上	強化項目	・守備力 ・攻撃力 ・ストローク力 ・戦術 ・ローテーション(ダブルス)
時間・回数	守備側のサイドを変えて 5分ずつ×2		
難易度	☆☆☆☆☆		

Variation

3側にローテーションをプラス

やり方

パターン2では3側のローテーションをありにして行なう。3側はローテーションをすることで、より柔軟に対応できるようになるため、2側に対して攻めやすくなる。ローテーションは、

スマッシュを打った人がそのまま前に詰めていき、相手のドライブリターンに対してハーフからドライブ。前衛に入ってプッシュを打つなど、スムーズなローテーションを心がけよう。

2側がロングリターンで大きく上げる　1

3側の後衛がスマッシュ　2

スマッシュを打った人が前に詰めていく　3

ハーフに上がった球をドライブ　4

さらに前に詰めてプッシュ　5

そのまま前衛に入る　6

Menu **50** ふたば未来式

ダブルスオールショート

ねらい	後衛のカバー力強化

強化項目
- **守備力**
- 攻撃力
- **ストローク力**
- **戦術**
- ローテーション（ダブルス）

時間・回数	7～10分
難易度	★★★★☆

やり方

パートナーとなる2側は半面ずつ前衛に立ち、ローテーションはしない。2側の球回しで1側を動かしていくが、その際、1側のハーフ（三角コーン）より前には打たないこと。ハーフから後ろへのドライブやプッシュ、ロングリターンなどで動かしていこう。練習者側の1は、どの球に対してもパートナーに向けて返球する。

コーン

パートナーの2人は前衛に固定。三角コーンを目印とした、ハーフより後ろで練習者を動かしていく。練習者はハーフより後ろの全面をカバーしながら、前衛に返球する

(Point) 広範囲をカバーしながら球を沈める

練習者がこの練習でイメージするのは、ダブルス後衛時の打球の処理。トップ＆バックの状態で後衛に球が抜けてきた場合にも、しっかりした体勢から沈める球を打てるかが大事になる。特にサイドに来た球につ

いては、身体の後ろで取ると手打ちになってしまうので、真横よりも前でヒットできるようにしっかりと身体を入れる。また、後方に上がったチャンス球には、スマッシュなどを打って攻撃につなげられるようにしよう。

コート後方からでも
身体を入れて打つ

ハーフからはドライブや
プッシュなどで短く返す

後方からはカットやドロップなどで
前衛に返球

サイドの球には
身体を入れて前でヒットする

(Point) 球出しは練習者の取れる範囲で

パートナーとなる2側は、1のためになるような球回しを心がけること。例えば、コート後方で打ってから前に詰めて触った練習者に対して、ド

ライブリターンをクロスに打ってしまうと、練習者は対応しづらい。左右に振るのは構わないが、練習者が取れる範囲に収めるようにしよう。

前に詰めて来た練習者を急に逆サイドに振っても反応しづらい

Menu **51** ふたば未来式

プッシュの処理

ねらい	サービスまわりでの後衛の対応力強化	強化項目	・**守備力** ・攻撃力 ・**ストローク力** ・戦術 ・ローテーション（ダブルス）
時間・回数	20球×5セット		
難易度	☆☆☆☆☆		

前衛がパートナー、後衛が練習者 **1**

ボディまわりの球を前で触る **2**

ドライブか短く沈める球で返球する **3**

やり方

サービスまわりをイメージした練習で、ショートサービスライン付近に立つ前衛がパートナー、後ろの後衛が練習者となる。ノッカーはコート反対側のショートサービスライン中央から練習者のボディまわりやハーフにプッシュを打つ。練習者はそれをドライブやネット前に短く返球する。

 Advice 上手く3球目の球を処理する

実際の試合でも、サービスを打った後にプッシュで差し込まれてしまい、浮いた球を相手前衛に決められるという展開は多く見られます。そのため、後衛の選手が3球目をうまく処理できるようにするのが、この練習の目的です。身体よりも前でシャトルに触ることで、ドライブや沈める球を打って有利な展開に持っていきましょう。

Menu **52** ふたば未来式

前衛の球さばき

ねらい	相手前衛に触らせない 球のさばき方を身につける	強化 項目	・守備力 ・攻撃力 ・**ストローク力** ・戦術 ・ローテーション(ダブルス)
時間・回数	20球×5セット		
難易度	☆☆☆☆☆		

ノッカーは
正面の練習者に
手投げで球出し

練習者は
打つコースに向けて
速くラケット面を置く

速いタッチから
両サイドに
球を沈めていく

やり方

練習者はコートの中央、ショートサービスラインよりも少し手前に立つ。一方で、ノッカーは反対側コートの練習者正面から手投げで球出し。ノッカーは速い球やネット前に沈む球を出していく。それに対して練習者は、速いタッチを心がけて、コートの両サイドに沈めていく。

Advice サービスまわりで
優位に立とう

この練習もサービスまわりをイメージした練習です。ノッカーを相手前衛に見立てて、練習者は常にラケットを立てておき、速いタッチから球をサイドに沈めていきましょう。打つコースに向けていかに速くラケットの面を置けるかが、球をさばくための重要なポイントです。テンポよく出される球に対して、準備を速くすることを心がけてください。

ふたば未来式

ドライブ＆プッシュ

ねらい	前に詰める動きと 決定力の強化
時間・回数	20球×5セット
難易度	☆☆☆☆☆

強化項目	・守備力 ・**攻撃力** ・**ストローク力** ・戦術 ・ローテーション（ダブルス）

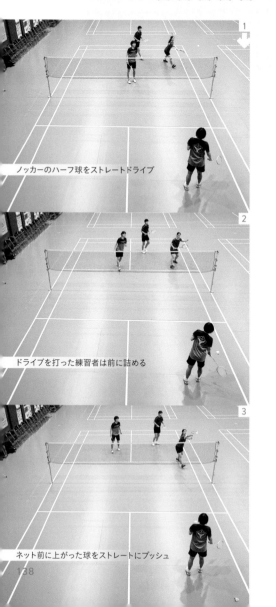

ノッカーのハーフ球をストレートドライブ

ドライブを打った練習者は前に詰める

ネット前に上がった球をストレートにプッシュ

やり方

練習者側は半面コートに3人が入り、1人がノッカーの出したハーフ球に対してドライブを打ったら、そのまま前に詰めてネット前に上がった球をプッシュ。コースはいずれもストレートに打つ。これを練習者3人が、2球毎にローテーションしながら続けていく。フォア側でも同様に行なう。

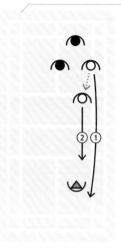

ノッカーは下からの球出しで、1球目をハーフに、2球目をネット前に出す。練習者はドライブを打った後（①）、ネット前に詰めてプッシュ（②）

(Point) **ドライブから決めきる**

この練習は、ドライブをきっかけに攻撃へと転じて、プッシュで決めきるまでをイメージした練習。ドライブをストレートに打って、自分に返ってきた球に対して、素早くネット前に詰めて決めきる意識を持とう。どちらのショットも手打ちにならないように、しっかりと身体を入れて打つことを心がける。

サイド気味に来た球にもしっかり身体を入れる

身体よりも前でヒットして強い球を打つ

ドライブを打った後は素早くネット前に詰める

ネット前に上がった球をプッシュで決めきる

Variation 1

鋭いドライブにも攻撃的に返球

やり方

練習の順番としては同じだが、パターン1でノッカーが下から球出しをしていたのに対し、パターン2ではノッカーは上からの球出しでより鋭いドライブを打とう。練習者は身体を潜り込ませてドライブを打ち、ネット前に詰めてプッシュ。上体が起きていると球が浮いてしまうので、目線をシャトルの高さに落としてドライブを打つ。

Variation 2

最後まで決めきる力を養う

やり方

パターン3では、練習者にドライブとプッシュを打たせた後、もう1球プッシュを打たせる。ノッカーが3球目をネットギリギリに上げて、練習者にプッシュさせよう。最後まで気を緩めずに決めきる力を養う。ただし、ノッカーに求められる技術も高くなるので、練習の難易度が上がる点には注意。

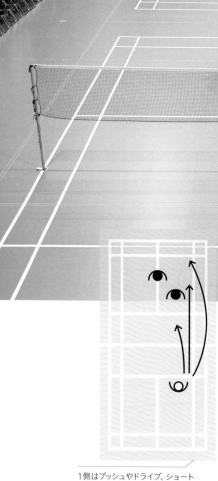

Menu 54 ふたば未来式

2対1ローテーション

ねらい	ショートリターン精度とローテーションの向上
時間・回数	ノッカーの位置を変えて5分ずつ
難易度	☆☆☆☆☆

強化項目
- 守備力
- 攻撃力
- **ストローク力**
- 戦術
- **ローテーション(ダブルス)**

1側はプッシュやドライブ、ショートリターンなど速い球出しをする。低いロブを交ぜてカットを打たせてもOK

やり方

2対1の形式で行なうものの、2側のコートは全面を使用するのに対して、1側はコート半面のショートサービスライン付近から動かない。1側はドライブやプッシュなどを中心にして2側を動かしていく。たまに低いロブを打ってもOK。2側はコート全面をカバーして、ローテーションをしながらオールショートのイメージで1に対して返球していく。

Point ショートリターンで沈めて前衛へ

練習者がローテーションをするタイミングとしては、ハーフ球を出されたり、プッシュが後衛へと抜けてきたりしたときに、ショートリターンで返球してそのまま前衛に入る。配球順が決まっているわけではないので、打球後に必ず前へ詰めるわけではない。ローテーションができるタイミングを探っていこう。

Point 2側のコート全面を活用する

パートナーの1は、同じサイドのストレートへの球出しが多くなるが、2側の使用コートを半面に限定しているわけではない。クロスに出して2側の後衛を動かし、そのままネット前で続けて打たせることでローテーションをさせてもOK。パートナーが配球で動かしていこう。

ハーフ球をショートリターンで返球

そのまま前衛ポジションへと着く

ネット前の球を再びショートリターン

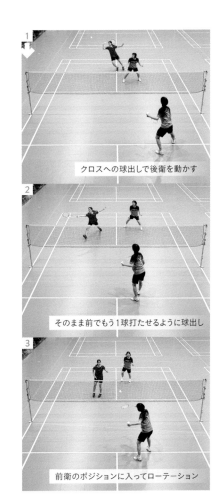

クロスへの球出しで後衛を動かす

そのまま前でもう1球打たせるように球出し

前衛のポジションに入ってローテーション

2対2ローテーション

ねらい	ローテーションの タイミングを理解する	強化 項目	・守備力 ・攻撃力 ・**ストローク力** ・戦術 ・**ローテーション（ダブルス）**
時間・回数	パートナー（前衛）の 位置を変えて5分ずつ		
難易度	☆☆☆☆☆		

1　上げられた球に対して
練習者はカットで返球

2　長めの球出しでカットを
打った選手に触らせる

3　ローテーションをして
後衛から前衛に

やり方

パートナー側（図C・D）に後衛選手が加わっているものの、基本的にはMenu54と同じ。パートナー側の前衛が、練習者の2（図A・B）に向けて、速い球回しでハーフ球やネット前などに打っていく。パートナーが上げてきた場合はカットで返球する。基本は前衛へのオールショートのイメージだが、後衛に向けて大きく上げてもOK。パートナー側の後衛は上がってきたらスマッシュかカットを打つ。

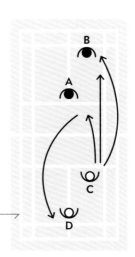

練習者側（A・B）は基本的にパートナーCに対するオールショート。ネット前などの厳しい球に対してのみ大きく上げてDに打たせてもOK

Point サイド・バイ・サイドからのローテーション

パートナー側に後衛を追加することで、練習者側はレシーブからのローテーションも練習ができるようになる。大きく上げた場合、練習者側は必然とサイド・バイ・サイドの形になる。そこから、パートナーの後衛に打たれ

たスマッシュを、レシーブで前衛に対してショートリターンで返球。そのまま前に詰めてローテーションをしていこう。大きく上げた状況からのローテーションにも取り組んでいく。

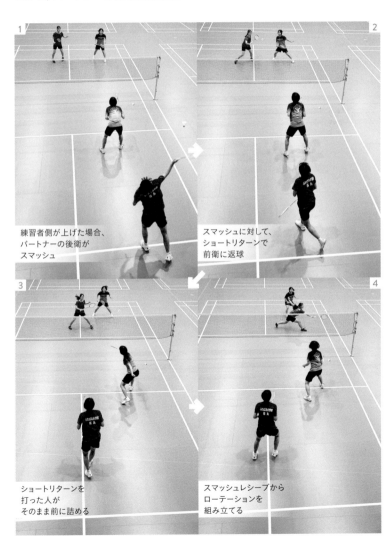

1 練習者側が上げた場合、パートナーの後衛がスマッシュ

2 スマッシュに対して、ショートリターンで前衛に返球

3 ショートリターンを打った人がそのまま前に詰める

4 スマッシュレシーブからローテーションを組み立てる

Menu **56**

ハーフから前の前後チェンジ

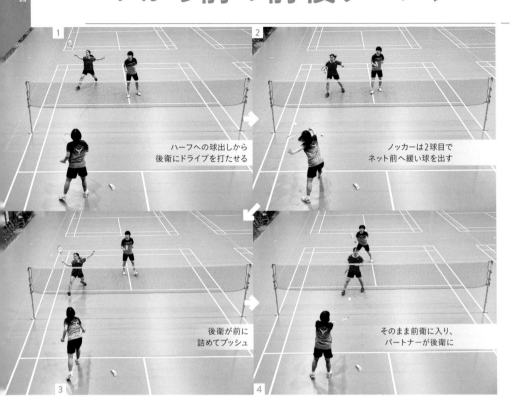

ハーフへの球出しから
後衛にドライブを打たせる

ノッカーは2球目で
ネット前へ緩い球を出す

後衛が前に
詰めてプッシュ

そのまま前衛に入り、
パートナーが後衛に

やり方

ノッカーは半面の中央から、1球目
はハーフに出して、続けてネット前に
緩い球を出す。練習者はトップ＆バ
ックの状態からスタートして、ノッカ
ーの1球目に対して後衛がドライブ。
後衛はそのまま前に詰めてノッカー
の2球目に対してプッシュを打つ。前
衛はそのタイミングで後ろに下がっ
てローテーション。これを繰り返す。

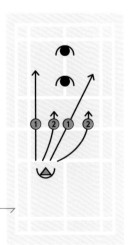

ノッカーの球出しは1球目をハーフに、2球目は
ネット前へ緩くと決まっているものの、コースフ
リーでやってもOK

ねらい	ローテーションの向上
時間・回数	20球×3セット
難易度	☆☆☆☆☆

強化項目
・守備力
・攻撃力
・**ストローク力**
・戦術
・**ローテーション（ダブルス）**

Variation

球出しをフリーにして難易度アップ

やり方

左ページの写真では、練習者のフォア側に対してのみ球出しをしているが、練習の難易度を上げたい場合は、ノッカーの球出しをストレートのみではなく、クロスを含めたコースフリーにして行なおう。練習者のフォア側にハーフ球、ネット前と続けて球出しした後、次の練習者にはバック側のハーフ球、ネット前と打つなどダンラムに球出ししてもOK。また、ハーフ球をフォア側（もしくはバック側）に固定して、ネット前はフォア側とバック側のフリーで行なうパターンに取り組んでみても良い。

フォア側のハーフ球に対してドライブ

フォア側のネット前の球をプッシュ

次の練習者がバック側のハーフ球に対してドライブ　　バック側のネット前の球をプッシュ

Menu **57** ふたば未来式

前衛後衛強化

ねらい	前衛と後衛の役割を絞った強化	強化項目	・**守備力** ・**攻撃力** ・**ストローク力** ・**戦術** ・ローテーション（ダブルス）
時間・回数	5~7分×4箇所		
難易度	☆☆☆☆☆		

攻撃側は前衛と後衛を固定して行なう

守備側はサイド・バイ・サイドで半面ずつを守るイメージ

やり方

前衛と後衛の役割を分担した強化練習。一方はトップ＆バック、もう一方はサイド・バイ・サイドの形を保ったままで2対2を行なう。コートやショットに制限はなくフリーで行なう。

 Point それぞれの役割に集中する

当然、トップ＆バックの方が攻撃側となるが、ローテーションは行なわないため、前衛は前衛の役割に、後衛は後衛の役割にのみ集中する。また、守備側となるサイド・バイ・サイドの方もローテーションは行なわず、フォア側、バック側それぞれの守備に集中しよう。

Variation

お互いにトップ&バックで難易度アップ

やり方

難易度はかなり高くなるが、このメニューはトップ&バック同士にしても行なうことができる。ともにローテーションはしないため、後衛は広範囲をカバーしながらも相手のいないスペースを見つけて配球する。また、前衛は少しでも前に入るのが遅れる

と、シャトルを下から触らなければならなくなるほか、上げてしまうとさらに相手に攻められることになる。前衛と後衛の区別がはっきりしているだけに、それぞれの役割を果たすことが求められる。

後衛

後衛は広範囲をカバーしながら
相手のいないスペースに配球する

前衛

前衛は上から触って相手に攻撃の機会を
与えないように心がける

147

ダブルスに求められる能力

~パートナーを上手く使う技術~

ダブルスへの適性は、前衛と後衛で違う印象があります。特に前衛は、相手を見て分析していくので、パートナーとのコミュニケーションを取れる選手が多い傾向にあると思います。

卒業生のなかでは、保木卓朗(トナミ運輸)がその筆頭です。ゲームをコントロールしながら、パートナーを生かすにはどうすれば良いのかを考えられる。試合では熱いパフォーマンスを見せますが、頭は常に冷静だったと思います。

テクニックの高い選手が多い前衛選手に対して、後衛のアタッカー選手は、細かいスキルよりもシャトルの下に入れる脚力など、高い身体能力とパワーを持っている印象です。

また、ダブルスの選手にはパートナーを使う技術も必要です。簡単に言えば、いかに良い球を作ってパートナーに打たせるか、難しい球がパートナーにいかないようにするか、ということです。

その点では、卒業生の渡辺勇大(日本ユニシス)は、ゲームメイクに長けていた選手でした。自分たちが優位に立つことを常に考えていたように思います。また渡辺はレシーブも得意だったので、自分に球が来るような配球をしていました。そして、パートナーが後ろから崩した球を最後は自分が潰しにいく。

そのように、ダブルスにおいては、身体的な能力だけではなく、パートナーをいかに上手く使うかという思考力も必要になると思います。

Part.6

トレーニングメニュー

競技力の向上には
シャトルを扱う技術だけではなく、
プレーの土台となる身体作りも必要です。
このパートでは体幹や股関節、脚力など
バドミントンに必要な
トレーニングメニューを紹介します。
羽根打ちと平行して行なっていきましょう。

筒ジャンプ

ねらい	ジャンプ力と調整力の向上
時間・回数	20回×3セットずつ
難易度	☆☆☆☆☆

強化項目
- 筋力アップ
- **瞬発力アップ**
- 持久力アップ
- 体幹強化
- 関節強化

左右

両足を揃えてジャンプ　　　筒を飛び越える高さを出す　　　両足を揃えて着地

前後

両足を揃えてジャンプ　　　筒を跳び越える高さをキープ　　　両足を揃えて着地

やり方

ジャンプ力の向上や動作時の身体のバランスなど、調整力の向上を目的としたトレーニング。床にシャトルの筒を置き、筒を左右（もしくは前後）に繰り返し跳び越える。ジャンプする際は、筒を完全に跳び越えるような高さを維持すること。

Point **バランスを崩さず連続ジャンプ**

両足は揃えてジャンプを繰り返すこと。両足の着地のタイミングがバラバラになってしまったり、上半身のバランスが崩れてしまったりするのはNG。

Menu 59 ふたば未来式

サバイバルジャンプ

ねらい	高さや距離を調整して跳ぶ力を鍛える	強化項目	・筋力アップ ・**瞬発力アップ** ・持久力アップ ・体幹強化 ・関節強化
時間・回数	10〜15回のジャンプ×10セット		
難易度	☆☆☆☆☆		

1　障害物はランダムに並べる

2　障害物の間隔は一定でなくてもOK

3　連続して障害物を飛び越えていく

4

やり方

シャトルの筒や三角コーンといった、10〜15個程度の高さの異なる障害物を一列に並べて、練習者が連続して跳び越えていく。異なった高さの障害物を連続して跳ぶことで、自分が意図した高さや距離を跳ぶ力を鍛えるのが目的。

Point **跳べる間隔で配置**

障害物はランダムに置き、最後に高さや距離を大きく取る。高い障害物の前は距離を多く空けるなど、連続で跳び越えられる間隔に配置する。

Menu **60** ふたば未来式

指示出しフットワーク

ねらい	初期動作の瞬発力や反応速度の強化
時間・回数	20回×5〜10セット
難易度	☆☆☆☆☆

強化項目
- 筋力アップ
- **瞬発力アップ**
- 持久力アップ
- 体幹強化
- 関節強化

パートナーが
ラケットで指示を出す

やり方

練習者はパートナーが出した指示の方向にフットワークを繰り返す。パートナーは練習者の正面に立ち、練習者がホームポジションに戻ってきたタイミングで、図の6箇所に対してランダムに指示を出すこと。指示に対してスムーズに動作に入れるように心がける。

指示された方向に
スムーズに動き出す

フットワーク後は
ホームポジションへ戻る

指示の方向はフォア前、バック前、フォアサイド、バックサイド、フォア奥、バック奥の6箇所。パートナーはランダムに指示を出す

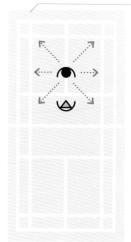

シャトル置き

		強化項目	・筋力アップ
ねらい	スピードや持久力など下半身の強化		**・瞬発力アップ**
時間・回数	シャトルの位置を変えて6セット		**・持久力アップ**
			・体幹強化
難易度	☆☆☆☆☆		・関節強化

シャトルを置くときや拾うときは、頭を下げすぎないように注意

やり方

ネット前、サイド、コート奥の各両サイド6箇所のなかから任意の1箇所にシャトルを5個置き、その他の5箇所に対して必ずセンターを経由しながら1個ずつシャトルを運ぶ。シャトルを運び終えたら、最初の地点に1個ずつシャトルを集める。1セットに対して男子は45秒、女子は50秒以内に終わらせることを目指す。

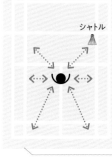

シャトル

任意の1箇所に5個のシャトル置き、その他の5箇所に1つずつ運ぶ。再び1箇所に集めて1セット

153

Menu **62** ふたば未来式

コートダッシュ

		強化項目	・筋力アップ
ねらい	コート内のスピード強化		**・瞬発力アップ**
			・持久力アップ
時間・回数	30秒×3〜5セット		・体幹強化
難易度	☆☆☆☆☆		・関節強化

コートの端から端を全力で移動する

やり方

図のA〜Dの4点を使い、コートの端から端までの全力移動を繰り返す。パターンは自由だが、例えばA→Bを2往復して、次にA→Cを2往復。再びBに移動した後、B→C→D→A→D→C→Bと移動して1セット。切り返しは実戦を想定して必ず右足を使うこと。

A〜Dの4点を使って、コートの端から端を全力で移動する。AC間はサイドステップ、BからCの場合はバックステップを使うなど、実戦を想定して行なう

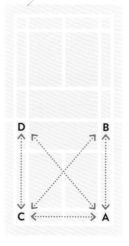

切り返しの際は右足を使う

ふたば未来式

片足ジャンプ（ケンケン）

ねらい	下半身の持久力の向上	強化項目	・筋力アップ
時間・回数	3周×3セット （反対側の足も行なう）		・瞬発力アップ ・**持久力アップ**
難易度	☆☆☆☆☆		・体幹強化 ・関節強化

Aの地点からケンケンでスタート

必ずホームポジションを経由する

筒の外側を通って次の地点に移動する

やり方

コートの四隅（A～D）とホームポジション（E）に筒を置き、A→B→D→C→Aの順にケンケンをしながら移動。毎回必ずEを経由すること。身体の軸を進行方向に進めてバランスを取りながら移動し、途中で両足が床に着かないように注意する。

A～Dのコート四角とホームポジションEの5箇所に筒を置き、Eを経由しながらケンケンで四角を順番に移動する。3周×3セット

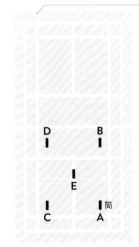

Menu 64 ふたば未来式

アジリティトレーニング

タッピング

スタンスを少し広げた状態で、
左右交互に細かい足踏みを素早く繰り返す

やり方

アジリティトレーニングとは、俊敏性や機敏性といった素早い動きを身につけるためのトレーニングのこと。細かなステップを速く、正確に行なうことで、バドミントンのスピードアップにつなげる。各種目とも1セット25秒で行ない、セット間には15秒の休憩を挟みながら3セット続ける。

身体の軸を保ちながら、タッピングをするように
右足前→左足前→右足後ろ→左足後ろと、足を小さく交互に前後させる

交互前後

交互左右

ねらい	素早い動きの習得と 筋持久力の向上	強化 項目	・筋力アップ ・**瞬発力アップ** ・**持久力アップ** ・体幹強化 ・関節強化
時間・回数	各25秒×3セット		
難易度	☆☆☆☆☆		

前後交差

スタンスを広げた状態から中央で早く足を前後に交差させる。
右足が前で交差させたら、次は左足が前と交互に繰り返す

スタンスを広げた状態から、タッピングをするような細かいステップで、
左足を内側に→右足内側→左足外側→右足外側と、小さく交互に足を左右へと動かす

［アジリティトレーニング］つづき

両足前後

スタンスを広げた状態から、
足を左右同時に細かく前後させる

V字（前）

両足を揃えた状態から、身体の軸は残したまま
右斜め前と左斜め前に対して、交互に素早く足を出していく

V字（後ろ）

両足を揃えた状態から、右斜め後ろと左斜め後ろに対して、交互に素早く足を出していく

ふたば未来式

ウエイトトレーニング

ねらい	バドミントンに必要な筋力の強化	強化項目	・**筋力アップ** ・瞬発力アップ ・持久力アップ ・**体幹強化** ・関節強化
時間・回数	種目毎に20〜50回×3セット		
難易度	☆☆☆☆☆		

腕立て伏せ

男子の場合は肘を曲げたときにアゴをつけ、女子は膝をつけて行なう。20回×3セット

やり方

自重を使った筋力アップのためのトレーニング。種目によって回数は20〜50回と違いがあるものの、それぞれ3セットずつを行なう。この他、ふたば未来学園高校では用具を使ったウエイトトレーニングにも並行して取り組んでいる。

V字背筋

うつ伏せの状態から両手と両足を伸ばして高く上げる。下げたときも手足は床に着けないこと。50回×3セット

V字腹筋

仰向けの状態から両手と両足を浮かせ、高く上げて手で爪先をタッチ。下げたときも床には着けない。30回×3セット

［ウエイトトレーニング］つづき

足上げ腹筋

仰向けの状態で膝を伸ばして両足を揃え、足をわずかに床から浮かせる。両足を揃えたままで足を90度上げる。20回×3セット

バタ足

仰向けの状態で両足を揃えて浮かせたまま、足を左右交互に上下させる。50回×3セット

クロス

仰向けの状態で足を広げて浮かせ、右足が上で左足が下、左足が上で右足が下と交互にクロスさせる。50回×3セット

スクワット

スタンスをやや広めに取り、両手を前に伸ばす。膝が90度になるくらいまで腰を落としてから元の姿勢に戻る。50回×3セット

ランジ（前後）

腰に手を当てた直立姿勢から、軽く真上にジャンプ。足を前後に開いて膝を曲げて着地。そのまま真上にジャンプして足を入れ替える。50回×3セット

ランジ（左右）

正面を向いてしゃがむ。真上にジャンプしたら身体を横に向けると同時にランジの姿勢を取る。正面を挟みながら左右交互に行なう。50回×3セット

Menu **66** ふたば未来式

体幹トレーニング

ねらい	体幹強化による プレーの向上とケガの予防	強化 項目	・筋力アップ ・瞬発力アップ ・持久力アップ ・**体幹強化** ・関節強化
時間・回数	各30秒×3セット		
難易度	☆☆☆☆☆		

やり方

体幹トレーニングの目的は、体幹を鍛えることによってショットを安定させること。戻りのスピードや重心移動も速くなるため、スピード全体の向上にもなる。また、プレー時の体勢が安定するため、ケガの予防にもつながる。どのメニューも30秒×3セットだが、セット間には20秒の休憩を挟む。

体幹キープ（フロント）

うつ伏せの状態から両肘と爪先をつけて身体全体を支え、真っ直ぐな姿勢をキープする

体幹キープ（サイド①）

片側の肘と足の側面だけを床に着けて身体を支え、真っ直ぐな姿勢を30秒間キープする

ブリッジ①

仰向けの状態から両手と両足だけを床に着けて身体を持ち上げ、肩から膝が一直線の状態をキープする

体幹キープ腕足上げ

片膝と逆側の手を床につけ、反対の手と足を床と平行に真っ直ぐ伸ばして30秒間キープ。反対側の膝と手でも行なう

体幹キープ(サイド②)

片側の肘と足の側面だけを床に着けて身体を支え、床に接地していない方の足を高く上げる。真っ直ぐな姿勢のままキープする

体幹キープ(サイド③)

片側の手は床につけて真っ直ぐ伸ばし、手と足の側面だけで身体を支えながら真っ直ぐな姿勢をキープする

ブリッジ②

仰向けから両手を逆手にして床につけた状態で腕を伸ばす。足は片足のみ床に着けて、もう一方の足は高く上げる。反対側の足でも行なう

体幹キープ肘膝付け

片足と反対側の肘を床に着け、もう一方の足と手は真っ直ぐ伸ばす。その状態から伸ばしている手と足を曲げて肘と膝を付けたら再び伸ばす。これを繰り返す。

股関節トレーニング

ねらい	股関節の強化	強化項目	・筋力アップ
			・瞬発力アップ
時間・回数	各メニューを参照		・持久力アップ
難易度	☆☆☆☆☆		・体幹強化
			・関節強化

前後歩行

両方の足首付近にゴムチューブを通したら、スクワットの姿勢を取る。目線を水平に保ちながらチューブが張った状態をキープして少しずつ進む。前進と後進でコート2面分を2往復×2セット

やり方

股関節強化を目的としたチューブトレーニング。股関節を強化することは、下半身の安定性を向上させることにつながるため、バドミントンのプレーにおいても、土台となる下半身を安定させることはショットの安定性などプレーの向上につながる。

Point 負荷の軽い
ゴムチューブを使用する

チューブの強度は様々あるものの、あまり負荷の強いチューブは使用しないようにしよう。また、トレーニング中はゴムチューブが張った状態をキープすることを心がける。

左右歩行

前後歩行と同様に両方の足首付近にゴムチューブを通し、スクワットの姿勢で目線を水平に保ちながらチューブが張った状態をキープして左右に少しずつ進む。コート2面分を2往復×2セット

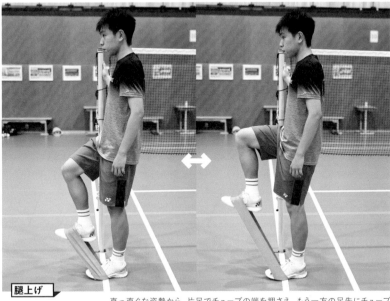

腿上げ

真っ直ぐな姿勢から、片足でチューブの端を押さえ、もう一方の足先にチューブの反対端をかける。片足を軽く上げた状態からスタートして、腿が90度になるくらいまで上げる。これを繰り返して20回×3セット。反対の足でも行なう

バドミントンに適した身体作り

〜羽根打ちと平行してトレーニングを行なう〜

ふたば未来学園高校では現在、シングルスの選手もダブルスの選手も、同様のトレーニングメニューに取り組んでいます。

具体的には、心肺機能向上を目的としたダッシュやインターバル、ランニング、フットワークといったものから、筋力向上のためのウエイトトレーニング、ゴムチューブを使ったトレーニング。そして、調整力の向上のための体幹トレーニングやジャンプ系、バランス系のトレーニングです。

全体的に身体が厚くなりすぎると、スイングスピードが遅くなってしまうなどのデメリットが生まれますが、基本的には筋力量＝パワーとなるので、特にダブルス選手はバドミントンをやりながら筋力量を増やしていければ、それだけ球の強さに繋がります。

ただし、身体を大きくするにはトレーニングだけではなく、食事も欠かすことのできない要素です。しかし、今の高校生はたくさん食べられる選手が少ないといった問題もあります。だからこそ、食事や栄養に対する知識をつけることが大事になってきます。

また成長期の選手の場合、身体が大きくなることによって打つ球も強くなってきます。しかし、自分のショットや動きに耐えられない身体の部分（筋力）などがあると、故障しやすくなってしまいます。プレーにおいてよく使う部位の筋力というのは、羽根打ちと平行して筋力トレーニングを行なっていかないと、ケガのリスクも増えてしまうでしょう。

Part.7
練習の組み方と強化方針

ふたば未来学園高校では、
1年間を見てどのようなスケジュールや
練習計画を立てて、日々の練習に
取り組んでいるのでしょうか。
選手個々の目標設定方法や、
モチベーションの保ち方などの
取り組みについても合わせて紹介します。

Season Schedule & Conditioning

年間のスケジュールと試合に

主要大会に向けた練習とトレーニング

ふたば未来学園高校の選手たちは、3月の全国選抜と8月のインターハイの他に、9月の全日本ジュニアも大きな目標として設定しています。チームとしては1番にインターハイ、次に全国選抜という順番になりますが、個人戦としては同世代で初のチャンピオンを決める大会ということで、選手が全日本ジュニアにかける思いは非常に強いです。

ですから、インターハイが終わり、3年生が引退を迎える9月からが新年度というイメージになります。ただし、指導者として難しいのは、この間のモチベーションの維持です。3年生だけではなく、2年生や1年生にとってもインターハイは大きな舞台です。それだけにインターハイ後、一時的に燃え尽きてしまうような状態になることも少なくありません。インターハイから全日本ジュニアに向けて、どう気持ちをつなげていくのか、調整をしていくのかというのは選手だけではなく、指導者にとっても難しい部分なのです。

また、ふたば未来学園の選手のなかには、10月の世界ジュニアで勝つという目標を持っている選手たちが多くいますし、12月の全日本総合においても、一つでも多く勝って日本代表に入りたいという思いが強くあります。

そのように、バドミントンは年間を通してオフシーズンが無い競技であるため、選手育成のスケジュールを組む上で、トレーニング期を設定することが難しいのです。そこで、ふたば未来学園では特定期間で集中的にトレーニングを行なうのではなく、年間を通して定期的なトレーニングとシャトル打ちを織り交ぜた練習をすることが定番となっています。

主な年間スケジュール

1月	2月	3月	4月	5月	6月	7月	8月	9月	10月	11月	12月
全国選抜予選		全国選抜	新1年生入学	インターハイ予選			インターハイ	全日本ジュニア	世界ジュニア		全日本総合

向けた調整方法

大会直前と期間中の調整方法

そのなかでも重要なのは、先に挙げたような主要大会に向けたテーパリング（調整）とピーキングです。当然、ケガをしていると思うようなパフォーマンスは出せません。そこで、主要大会の1カ月前から練習をコントロールするように計画しています。

ケガや痛みを抱えている選手については、普段から別メニューに取り組ませていますが、全体としてはケガをしないトレーニング強度になるように、選手とコミュニケーションを取りながら、疲労度合いなども加味して練習メニューを決めていきます。

そして、試合の1週間前くらいからは、本格的にトレーニング量を減らして、シャトルを打つ時間や自主練習時間を増やすことで、感覚の調整に入ります。ただし、全くトレーニングを入れないと、逆に足が動かなく

なったりもするので、短時間で少し負荷の高いトレーニングをするなどして、筋肉に刺激を与えます。

大会期間中は、試合の3時間前には起きるようにし、体操をしたり朝食を食べたりすることで身体を起こします。そしていざ試合がはじまれば、身体が栄養不足にならないよう、捕食（炭水化物やビタミンを含むもの）や水分を試合間で取るように心がけ、毎試合良いパフォーマンスが出せるようにすることが大切です。

また、試合期間中の食事では、出来るだけ炭水化物を多く摂取するようにし、身体にエネルギーを蓄積させます。試合後にはアイシングやストレッチ、栄養補給、睡眠、そしてマッサージなど、できる限りのことをして、次の試合を良いコンディションで迎えられるように心がけています。

練習の組み方と強化方針

1週間＆1日のスケジュールの

1週間のスケジュールと目的

1週間のスケジュールを立てる上で軸となるのは、週末のゲーム練習です。土曜日と日曜日にゲーム練習を多めに入れて、そこで得た課題に対して、月曜日から金曜日のストローク練習やノック練習などで取り組むことで、課題を克服させることがねらいです。また、月曜日と木曜日にはウエイトトレーニングを入れて、身体を作る時間も設定しています。1週間の練習の成果を、週末のゲーム練習で試し、新たな課題などを得るという流れが、基本となっているのです。

本来であれば、週末には大会や遠征、合宿などが入ってくるのですが、近年のコロナ禍によって外に出て行くことができなかったため、週末のゲームを練習の成果を試す場所に設定していました。また、コロナ禍以前であればジュニアナショナル合宿や国内外への大会への参加など、全員が集まって練習をする時間を確保することも難しかったので、その日その日で何ができるのかを考えることも多かったように思います。

その日に取り組む練習の内容は、課題を克服するための練習なのか、もしくは実戦で試す練習にするのか。時期や選手によっても変えて、柔軟に対応していました。

練習メニューについては、高校生の選手全員が同じメニューに一斉に取り組むわけではありません。シングルスとダブルスもしくは男女別など、ある程度のグループ分けをして、そのグループ毎に指導者がついて指導していきます。その練習のなかで選手や指導者が気づいたことを課題として1週間のテーマとして取り組む場合もあります。練習で課題に取り組んでゲームで試す、その繰り返しの中から選手を伸ばしていくというイメージです。

1週間の主なスケジュール

月曜	通常練習+トレーニング
火曜	通常練習
水曜	通常練習+トレーニング
木曜	短時間の練習orトレーニング
金曜	通常練習
土曜	一日練習（ゲーム中心）
日曜	半日練習（ゲーム中心）

全力で遊びながら強くなる、というモットーのふたば未来学園。キツイ練習の合間にも笑顔が見られた

組み方

1日の主な流れ

　1日の練習を3〜4時間とした場合、日々の練習の主な流れは、まず全体ミーティングからスタートして、次にランニングやストレッチやなどのウォーミングアップを行ないます。その後、フットワークやアジリティなどのトレーニングを実施した後に、基礎打ちへと移行。シャトル感覚を確かめ、勝負感を養うためのチャリチャリを行なって、ここまでが約1時間になります。

　その後は日によって異なりますが、3人1グループで全体メニューをしてから、シングルスとダブルス、男子と女子などのカテゴリーに分かれてメニューを実施。

　最後に補強トレーニングと行なっ

ミーティング後、全体のランニングから一日の練習がスタートする

たら、クールダウンと後片付けをして1日の練習が終了です。これが1日に3時間から4時間程度の練習時間が取れるときの主な流れになります。

一日の主な流れ

所要時間	内容	具体例
5分	全体ミーティング	
15〜20分	ウォーミングアップ	ランニング、ストレッチ、体操、ステップ
20〜30分	トレーニング	フットワーク、アジリティ、シャトル置き
20分	共通メニュー	基礎打ち（10分）、チャリチャリ（10分）
休憩		
40分	全体メニュー	アタック＆ドライブなど
40分	カテゴリー別練習	シングルス、ダブルス別など
休憩		
40分	カテゴリー別練習	
10〜15分	補強トレーニング	ダッシュ、縄跳び、自重トレーニングなど
15分	クールダウン＆後片付け	

チームと選手の目標設定

選手と目線を同じくして話し合う

　個々の選手の目標設定については、日頃から指導スタッフが選手一人ひとりに対して、話し合いの時間を持てるように心がけています。

　それは、チーム全体として目指す目標と、選手個々が目指す目標が、私たち指導者と選手の間である程度一致できるように、会話することを大事にしているからです。また、そうした情報をチームスタッフ全体で共有をして、個々の選手が現在どういう状況にあるのか、そしてどこを目指すべきなのかという話し合いも行なっています。

　私からは"インターハイで勝つためには"とか、"世界を目指すためには"という話しを全体ミーティングでします。ただし、当然ですが選手全員が世界で勝てるわけではありません。世界ジュニアを目指す選手がいる一方で、インターハイに出場して勝つこと、または県大会でベスト4に入ることを目標としている選手もいるなど、選手の目標は本当に様々です。その選手によって、どこに目標を置いてあげるべきなのかは違います。指導者が選手の考えているところまで目線を下げて話していかないと、全体として世界を目指そうと話しても、チーム内で置いていかれる選手が出て来かねません。

　選手のモチベーションを下げさせないためにも、選手とスタッフが情報を共有して、ここを目指してやっていこうと目標を明確にする。そして、そのためには何をしなければいけないのかを話し合うことが重要です。目標を明確化することで、指導者と選手の間で課題を共有して、「今やらなければいけないのは、こういう部分だよね」という会話につなげていく必要があると思います。

ふたば未来式の目標設定方法

- 指導者が選手の目線まで下げ、話し合いによって目標を決める
- スタッフで情報共有して、選手個々の状況を把握する
- 目標を決めることによって、達成のための課題も明確化する
- 大きな大会ごとに区切って、一人ひとりが1年間で3つの目標を設定する
- 選手個々の目標は、競技レベルによって異なって当然

中高一貫指導が行なえる
ふたば未来学園では、中
高の指導者が連携を取り
ながら目標を設定し、選手
たちは達成に向けて日々
努力している

年間で
3つの目標を設定

　また、目標は1年間のなかの3つの期間毎に設定します。年間を通して目標となる大きな大会が3つあると先に話しましたが（P168-169参照）、目標を設定する期間は大きく分けると、インターハイのある夏までと、全日本ジュニアや国体、そして世界ジュニアのある9、10月。最後に翌年3月の全国選抜までです。

　目標は選手個々に書かせていますが、全国大会に出られないレベルの選手であれば、夏よりも前に行なわれる新人戦での目標を書いて来る選手もいるなど、必ずしも大きな大会だけが目標となるわけではありません。

　仮に目標を達成できなかった場合には、次の目標を設定し直します。改めて目標を書かせてチーム内で掲示することで、選手が練習へのモチベーションを保てるように心がけています。

偉大な卒業生のように、
選手たちは世界で勝つこ
とを目指して入学してくる

おわりに

　本書では、ふたば未来学園高校バドミントン部でも、普段から実際に取り組んでいる練習方法などを中心に紹介しています。

　ただし、あくまでも本書で紹介している内容は、参考程度であると捉えてください。練習内容は、紹介しているものから回数を変えたり、少しやり方を変えてバリエーションやパターンを増やしたりできるものばかりです。

　本書を手に取って頂いた指導者や選手の方たちが、ご自身のやりやすい練習に置き換えて取り組まれるのが好ましいと思います。

　紹介している練習のなかには、競技力によっては難しい練習もあると思いますが、自分に合わせたやり方に変えて取り組んでみて下さい。

　本書を手に取って下さった方々にとって、少しでも上達の手助けとなれば幸いです。

著者

本多裕樹

ほんだ・ゆうき

1984年生まれ、福島県出身。湯本高−日本体育大。
大学卒業後に富岡高の教員としてバドミントン部の指導を始め、指導歴は15年。
2017年に前監督の大堀均氏よりチームを引き継ぎ、監督に就任した。
その後、男女ともにインターハイをはじめとする主要大会において、
チームや選手を全国優勝へと導いている。
U−19ジュニアナショナルチームのコーチも務める。

協力
大久保菜摘(左)、
星大智

ふたば未来学園高校バドミントン部顧問

撮影協力
杉山薫(左)、
武井凜生

ふたば未来学園高校

協力 ふたば未来学園高校バドミントン部

バドミントン
ふたば未来学園高校式プログラム

2021年12月28日　第1版第1刷発行

著　者　　本多裕樹

発行人　　池田哲雄
発行所　　株式会社ベースボール・マガジン社
　　　　　〒103-8482　東京都中央区日本橋浜町2-61-9 TIE 浜町ビル
　　　　　電話　03-5643-3930（販売部）
　　　　　　　　03-5643-3885（出版部）
　　　　　振替口座　00180-6-46620
　　　　　https://www.bbm-japan.com/
印刷・製本　大日本印刷株式会社

©Yuki Honda 2021
Printed in Japan
ISBN978-4-583-11430-9 C2075

デザイン　　前田象平
写真　　　　ベースボール・マガジン社
編集協力　　吉井信行